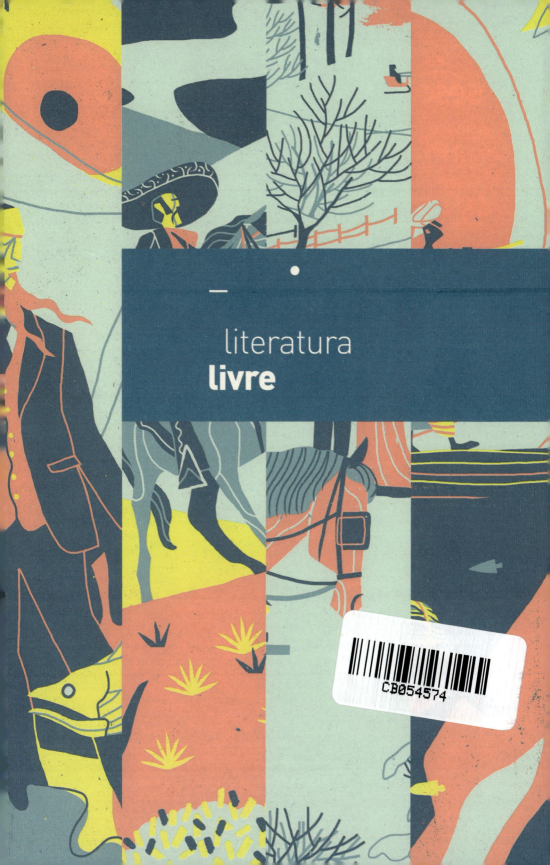

SERVIÇO SOCIAL DO COMÉRCIO
Administração Regional no Estado de São Paulo

Presidente do Conselho Regional
Abram Szajman
Diretor Regional
Danilo Santos de Miranda

Conselho Editorial
Ivan Giannini
Joel Naimayer Padula
Luiz Deoclécio Massaro Galina
Sérgio José Battistelli

Edições Sesc São Paulo
Gerente Iã Paulo Ribeiro
Gerente adjunta Isabel M. M. Alexandre
Coordenação editorial Clívia Ramiro, Cristianne Lameirinha, Francis Manzoni, Jefferson Alves de Lima
Produção editorial Simone Oliveira
Coordenação gráfica Katia Verissimo
Produção gráfica Fabio Pinotti, Ricardo Kawazu
Coordenação de comunicação Bruna Zarnoviec Daniel

© Ricardo Giassetti e Renato Roschel, 2022
© Instituto Mojo de Comunicação Intercultural, 2022
© Edições Sesc São Paulo, 2022
Todos os direitos reservados

Preparação e revisão Gabriel Naldi, Simone Oliveira & Instituto Mojo
Capa e projeto gráfico Mojo/Giacko Studio
Diagramação Fernando Ribeiro
Ilustração André Ducci

Dados Internacionais de Catalogação na Publicação (CIP)

L7765 Literatura livre: ensaios sobre ficções de culturas que formaram o Brasil / Organizadores: Ricardo Giassetti; Renato Roschel; tradução: Projeto Literatura Livre; Ilustração: André Ducci. – São Paulo: Edições Sesc São Paulo, 2022. – 240 p. il.

ISBN 978-65-86111-83-5

1. Crítica literária. 2. Literatura estrangeira. 3. Brasil – Ensaios ficcionais. 4. Tradução. 5. Domínio público. I. Título. II. Giassetti, Ricardo. III. Roschel, Renato. IV. Ducci, Andre. V. Projeto Literatura Livre. VI. Instituto Mojo de Comunicação Intercultural.

CDD 869.908

Ficha catalográfica elaborada por Maria Delcina Feitosa CRB/8-6187

Edições Sesc São Paulo

Rua Serra da Bocaina, 570 – 11º andar
03174-000 – São Paulo SP Brasil
Tel.: 55 11 2607-9400
edicoes@sescsp.org.br
sescsp.org.br/edicoes
/edicoessescsp

Apoio
mojo.org.br

literatura
livre

Ensaios sobre ficções
de culturas que
formaram o Brasil

Ricardo Giassetti e
Renato Roschel [orgs.]

edições sesc

_SUMÁRIO

Apresentação — 13
Danilo Santos de Miranda

Introdução — 19
Ricardo Giassetti e Renato Roschel

Prólogo — 35
Marcos Flamínio Peres

O uso das aparências — 49
Giovane Rodrigues
AS ROUPAS FAZEM AS PESSOAS, DE GOTTFRIED KELLER

Das origens que herdamos, das bagagens que carregamos, das lutas que escolhemos — 71
Tatiana Chang Waldman
SRA. FRAGRÂNCIA PRIMAVERIL E CONTOS DE CRIANÇAS CHINESAS, DE SUI SIN FAR

87 **Os lugares de fala**
Renato Noguera

CONTOS FOLCLÓRICOS AFRICANOS
V. 1 E 2, DE ELPHINSTONE DAYRELL, GEORGE W.
BATEMAN E ROBERT HAMILL NASSAU; HISTÓRIAS DO
TIO KAREL, DE SANNI METELERKAMP

101 **As vozes e os silêncios de uma ilha**
Luciana Cammarota

CONTOS SARDOS, DE GRAZZIA DELEDDA

115 **O horror, o horror
(da civilização e da barbárie)**
Ricardo Giassetti

CORAÇÃO DAS TREVAS, DE JOSEPH CONRAD

Mitologia japonesa: histórias ancestrais no mundo contemporâneo
Lica Hashimoto
CRÔNICAS DO JAPÃO, DE PRÍNCIPE TONERI E Ō-NO-YASSUMARO

133

A violência que nos gerou
Renato Roschel
EL ZARCO, DE IGNACIO MANUEL ALTAMIRANO

149

Um ensaio sobre o significado da Áustria Imperial
Luis S. Krausz
O LEVIATÃ, DE JOSEPH ROTH

165

181 **Aljāḥiẓ, um patriarca das letras árabes**
Mamede Jarouche
OS MISERÁVEIS, DE ALJĀḤIẒ

197 ***Pássaros sem ninho*: entre dois lugares, os indígenas e as mulheres**
Micheliny Verunschk
PÁSSAROS SEM NINHO,
DE CLORINDA MATTO DE TURNER

217 **Jonathan Swift, o moderno defensor da Antiguidade**
Renato Roschel
VIAGENS DE GULLIVER, DE JONATHAN SWIFT

234 Sobre os autores

APRESENTAÇÃO

Pontes narrativas

Danilo Santos de Miranda
Diretor do Sesc São Paulo

Tanto individual quanto coletivamente, **as narrativas constituem um** elemento fundamental para o estabelecimento da coesão simbólica. Em uma instância pessoal, é comum recorrermos a certos marcos que compuseram nossas biografias para nos definir perante os outros. Quando conhecemos uma nova pessoa, muitas vezes nos flagramos repetindo, mais uma vez, histórias que protagonizamos: *"um dia fui a...", "teve uma vez em que eu...", "minha família veio de..."*. Nesse tipo de elocução, nos tornamos personagens não muito diferentes daqueles encontrados em romances, contos ou crônicas. Corroborando a afirmação borgiana de que "somos nossas memórias", essa partilha discursiva é uma das formas pelas quais nos constituímos — ou seja, por meio das histórias.

Se extrapolamos essa lógica para esferas mais abrangentes, como um grupo de amigos, os habitantes de um bairro, ou mesmo a população de um país, notamos a mesma vinculação narrativa dando lastro a essas coletividades, algo perceptível nos processos históricos que testemunhamos e dos quais nos lembramos conjuntamente, ou nos acontecimentos particulares, relativos, por exemplo, ao nosso círculo familiar, rico em ocorrências e lembranças que definem nossa pertença àquele grupo.

Essas dinâmicas de constituição do eu encontram uma situação limite nas interações com pessoas que não estão contidas nesses círculos que descrevemos. Em tais casos, para que o convívio e o entendimento se tornem possíveis, se faz necessária a tradução, um processo que subentende a familiaridade com ambos os léxicos e seus respectivos contextos culturais. Tal familiaridade, por sua vez, é de ordem muito mais profunda do que os algoritmos tradutores de nossos tempos nos fazem crer: as palavras não são neutras e transparentes, não são chaves imediatas que nos permitem acessar por completo os objetos do mundo. Podemos entender as palavras como mundos elas mesmas. Ao apresentarem certo som e convocarem associações específicas a cada idioma, as palavras não apenas designam um referente, mas mesclam a ele uma trança indissociável entre história, cultura, costumes e identidades — e a poesia talvez seja o gênero literário que mais se aprofunda nessas espirais da linguagem verbal.

Um dos aspectos mais fascinantes do ofício da tradução provém do desalinho, da falta de concordância absoluta entre dois códigos distintos. Talvez seja nessa disjunção que possamos compreender a diversidade de visões de mundo: no alemão, por exemplo, além dos artigos masculino e feminino, existe o artigo neutro, permitindo a não atribuição de gênero em certas construções gramaticais. Já no caso do nosso idioma, é possível atrelar um sentido de dimensão aos substantivos por meio dos sufixos "ão" e "inho", que, por sua vez, permitem uma série de conotações — carinhosas, cômicas, depreciativas, jocosas —, algo inalcançável em línguas como o inglês, que só consegue produzir a noção de dimensão com a associação entre substantivos e adjetivos. Ao possibilitarem esses manejos simbólicos, os idiomas formam campos do dizível, demandando, por consequência, que o trabalho de tradução opere aproximações, simulações, entre outros expedientes.

De forma inerente a esses recursos, o ofício do tradutor implica, em grande medida, o exercício da alteridade. A pesquisa e a imaginação quanto a uma forma diferente de existência, a adoção de sua correspondente perspectiva e a compreensão dos feixes emocionais que determinada construção sintática mobiliza são gestos necessários para que vertamos um texto para outro horizonte simbólico, permitindo, assim, que legados culturais extrapolem seus limites territoriais e atinjam pessoas que, ao conhecer aquelas histórias, passam a incorporá-las em suas próprias culturas.

Tais processos ocorreram em diversas conjunturas históricas, como no contato assíduo entre o Japão e a China ocorrido desde o século I, responsável não apenas pela formação dos referenciais literários nipônicos, fundamentados no modelo chinês, mas também pela própria formação do sistema de escrita japonês. Numa conjuntura mais próxima a nós, manifestações populares como o Maracatu de Baque Solto, festejo típico da Zona da Mata de Pernambuco, apresentam elementos que se originam em outras tradições, como o Cavalo Marinho, o Bumba meu Boi e as Cambindas — expressões marcadas pelo encontro entre as matrizes africanas, indígenas e europeias. A complexa interação entre poesia, dança e música do Maracatu pode ser compreendida como um entrelaçamento simbólico que gera uma expressão única e de profundo significado artístico e social.

A democracia cultural depende, assim, de um esforço contínuo por parte dos diversos agentes que constituem os espaços discursivos das artes. Entre esses agentes, os tradutores cumprem uma função fundamental, a de atuar como um portal, permitindo o trânsito entre tempos e lugares distintos.

De forma coerente à premissa de fomentar, difundir e estimular a fruição artística, o Sesc São Paulo, em parceria com Instituto Mojo de Comunicação Intercultural, realizou o projeto Literatura Livre. A iniciativa oferece gratuitamente *e-books* de traduções para o português de obras em domínio público, provenientes de diversos contextos históricos.

Em complemento a esse esforço, esta publicação reúne ensaios críticos escritos por alguns dos tradutores do projeto Literatura Livre e pesquisadores de áreas relacionadas às obras. Os escritos aqui presentes permitem a contextualização de cada um dos *e-books* do projeto no panorama cultural em que foram criados, como no ensaio "Os lugares de fala", do prof. dr. Renato Noguera, no qual o filósofo emprega conceitos de Achile Mbembe e Djamila Ribeiro para analisar os contos folclóricos africanos, escritos por autores brancos de origem europeia no início do século XX. Os ensaios também oportunizam a compreensão de como as obras traduzidas se inserem tanto num âmbito geral da literatura sob domínio público quanto no pessoal, das vidas das pessoas responsáveis pelas traduções, como no caso da prof. dra. Lica Hashimoto, que reencontra nas *Crônicas do Japão* — obra que a pesquisadora verteu para o português — histórias contadas por seus avós.

A publicação deste volume, portanto, reforça e complexifica as tramas simbólicas que, ao constituírem personagens, temporalidades e lugares, delineiam os contornos da multiplicidade que nos caracteriza tanto individual quanto coletivamente.

Introdução

Ricardo Giassetti e Renato Roschel

Diferente de algo físico, o conhecimento pode ser compartilhado por grandes grupos de pessoas sem que ninguém fique mais pobre.

— Aaron Swartz (1986-2013)

A imprenetrabilidade da matéria indica que dois corpos não podem ocupar o mesmo lugar no espaço. Porém, com a física quântica, descobrimos que uma coisa pode estar sim em dois lugares ao mesmo tempo. Atualmente, essa regra um tanto quanto estranha ao senso comum se aplica também à literatura. Hoje, com um mínimo de energia aplicada por meio dos processadores e *chips*, conseguimos replicar um objeto digital — um livro — *ad infinitum* sem absolutamente nenhuma perda de predicados ou identidade. Assim, podemos ter o mesmo "objeto" em infinitos lugares ao mesmo tempo. O armazenamento e o compartilhamento de dados abriram as portas para uma nova realidade social. No campo literário, a inovação dos *e-books* nos permitiu carregar uma vasta biblioteca em um dispositivo móvel como o celular ou um *e-reader*. A comparação entre um livro físico e um *e-book*, hoje, representa um abismo quase tão grande como entre a cópia manual de um pergaminho na Antiguidade e a invenção da prensa de tipos móveis. Mesmo sabendo que os chineses já conheciam os tipos móveis, usaremos a década de 1450 como marco, período no qual Johannes Gutenberg inaugurou sua prensa e publicou sua primeira edição da Bíblia. A invenção de Gutenberg, somada à pouca importância que se dava à questão da autoria, permitiu acesso maior aos textos bíblicos e a diversos outros livros.

Durante muito tempo foi assim. Muitos escritores da Antiguidade, da Idade Média e até do século XIX se apropriavam de ideias de outros autores para compor suas próprias obras. Tomás de Aquino (1225-1274), em sua *Suma Teológica*, por exemplo, utilizou amplamente a obra do filósofo árabe Avicena (980-1037) — são mais de 200 citações do texto árabe no clássico da filosofia cristã medieval.

Da mesma forma, ideias presentes em obras de filósofos como Al--Fārābī, Averróes, Ibn Khaldun e tantos outros pensadores árabes, por sua vez, se formaram a partir do contato desses pensadores com certo "racionalismo aristotélico". Há, em muitos textos clássicos árabes, mecanismos conceituais profundamente vinculados à lógica aristotélica.

Já o pensamento grego, do qual Aristóteles é um dos principais expoentes, sofreu inegáveis influências órfico-pitagóricas, da epopeia homérica, as quais, por sua vez, também foram influenciadas por outras culturas e formas de pensamento, em uma cadeia de contínua transmissão e construção de ideias. Assim, todo conhecimento produzido é, em parte, fruto de um processo de intercâmbios, um fluxo interminável que aglutina séculos e séculos de aprendizado.

Em boa parte dessa história do pensamento, as referências bibliográficas ou citações não eram de uso comum como ocorre nos dias de hoje. Por essa razão, muita vez, é preciso buscar e cruzar informações para que se entenda a origem de uma ideia, de um texto, de um traço cultural, de um objeto ou de uma técnica.

Somente em 1710, na Inglaterra, foi estabelecido o Estatuto de Anne, uma das primeiras tentativas de regulamentar os direitos autorais; e em

1840 os países de língua alemã criaram as suas primeiras regras. Enquanto a prensa havia popularizado a leitura entre os europeus desde o século XV, essa nova abordagem dos direitos de autor encareceu as cópias, revertendo uma tendência de consumo literário na Europa. No início do século XX, a violação de direitos autorais ainda era corrente. Um dos mais evidentes casos envolve o mais famoso autor infantil moderno brasileiro, Monteiro Lobato, que em sua obra *Sítio do Picapau Amarelo* fez uso de personagens que não eram seus, como Peter Pan, o Gato Felix e Tom Mix — que embora fosse o nome do ator, também era como seu personagem se chamava nas telas.

De volta às leis da física, o domínio público nos apresenta uma questão digna da termodinâmica de Erwin Schrödinger: como é possível algo estar e não estar em um lugar ao mesmo tempo? Quando abordamos o chamado domínio público, encontramos esse "peculiar estado da matéria". Se a obra está em domínio público, como é possível que o público não tenha domínio sobre ela? Em 1886, na Convenção de Berna, grande parte dos países soberanos do mundo consolidaram as bases internacionais dos direitos, com subsequentes atos, como o de Berlim, em 1908, no qual já se previam as novas tecnologias e a extensão temporal para 50 anos após a morte do autor. Em 1891, com o Tratado Internacional dos Direitos Autorais, fez-se a ponte entre os mercados europeus e estadunidenses, permitindo que livros baratos se tornassem commodities. O Estatuto de Anne já previa a queda do direito autoral, criando, por assim dizer, o domínio público. Nos Estados Unidos, o Ato dos Direitos Autorais (*The Copyright Act*), de 1790, em uma iniciativa para evitar o monopólio de gráficos e editoras, tentava estimular a criatividade e o avanço "da ciência e das artes úteis" por meio do amplo acesso a obras de "domínio público". Assim, quando uma obra tivesse seu tempo de exploração comercial finalizado, editores, autores e herdeiros deveriam abrir mão de sua propriedade e entregá-la ao público gratuitamente. Mas isso, que as obras agora livres estavam ao alcance do grande público, nunca foi uma completa verdade. Elas estavam, mas não estavam nas mãos das pessoas.

No período em que apenas livros impressos existiam, o poder continuava com as gráficas e editoras. Essencialmente por esse motivo o tratado de 1891 implementou a concorrência entre as casas editoriais, fazendo com que o preço caísse exponencialmente. Ainda assim, era preciso dinheiro ou paciência para ter acesso às obras. Muita coisa mudou desde o advento da rede mundial de computadores e do trânsito de conteúdos digitais. Embora o primeiro livro digital[1] tenha nascido no mesmo ano em que a primeira mensagem de e-mail foi enviada, em 1971, somente quase 40 anos depois ele se tornaria viável e popular. Isso ocorreu em 2007, quando a Amazon lançou o *e-reader* Kindle e a Apple seu primeiro smartphone.

A revolução digital na literatura permitiu que muitas obras esquecidas ou de público restrito pudessem ser resgatadas e republicadas a custo mínimo na internet — eventualmente apenas o custo da digitalização e aplicação de OCR (o reconhecimento ótico de caracteres). A digitalização em massa de obras foi levada a cabo pelo projeto Google Print, hoje conhecido como Google Books, apresentado na Feira de Frankfurt em 2004 e com um resultado anunciado em 2019 de 40 milhões de livros escaneados. Estima-se que o total de títulos em forma de livro no mundo seja de 130 milhões. Agora, chegamos a um novo dilema: o imperialismo linguístico.

Intelectuais e políticos europeus acusaram o Google de promover o imperialismo linguístico ao alegarem que a grande maioria dos livros digitalizados no projeto estão em língua inglesa. Esse desequilíbrio cria uma consequente desproporção em relação aos demais idiomas que habitam a internet. Essa ênfase poderia corromper e modelar os processos acadêmicos históricos e, por fim, alterar a direção do conhecimento ainda

---

[1] A digitalização da Declaração da Independência dos Estados Unidos, em 1971, por Michael S. Hart, fundador do projeto Gutenberg, é considerada o primeiro *e-book* do mundo.

a ser desenvolvido — teoria do imperialismo linguístico (PHILLIPSON, 1992. p. 50-57) foi consolidada no livro homônimo de Robert Phillipson

As hegemonias linguísticas fazem parte da História, especialmente quando colonizadores buscavam unificar as regiões sob seu comando. O latim era uma língua restrita a uma região central da Itália, mas tornou--se a língua franca do Império Romano, primeiro imposta ao restante da Itália, depois a outras partes da Europa e África, notadamente abafando ou estrangulando línguas locais. Depois desse período de imposição, o latim sobreviveu com força nos círculos acadêmicos e católicos por séculos após a queda de Roma. Já o norte da África, por sua vez, foi também estrangulado pela arabização ainda no primeiro milênio.

Esse fenômeno ocorreu e ainda ocorre em diferentes graus de potência, como o tibetano sendo substituído pelo mandarim, o ryukyuan pelo japonês, o quéchua pelo espanhol, o tupi pelo português. Nem mesmo o próprio inglês escapou de agruras, como na Idade Média, quando foi objeto do imperialismo francês após a conquista da Normandia. O francês anglo-normando foi a língua da nobreza e das instituições por séculos. Era um sinal de altacultura.

Mas como tornar o domínio público realmente acessível a todos os alfabetizados do mundo se as obras disponíveis gratuitamente estão, em sua grande maioria, em inglês, francês, espanhol ou alemão? É preciso traduzi-las. A tradução é um dos ofícios classificados, assim como o da própria criação, como trabalho intelectual e, portanto, passível de direitos autorais. Obviamente, todas as traduções — que evidentemente custam bastantes tempo e dinheiro — ficam resguardadas aos seus autores ou editores que licenciaram a propriedade dos tradutores. No Brasil, especialmente, a profissão da tradução tem um histórico deficitário, de pouca valorização; e, no mundo atual, a tradução vem perdendo cada vez mais terreno para os inevitáveis programas de conversão de línguas. O programa de traduções literárias do Instituto Mojo de comunicação intercultural é uma iniciativa que busca realizar essa tarefa: traduzir as obras em domínio público e entregá-las digitalmente, absolutamente sem custo.

Literatura Livre

A Mojo começou em 2006, quando criamos um projeto que mesclava literatura e música: "Se música fosse literatura, que história contaria?".

A ideia era simples: escrever um conto a partir de um álbum musical preferido. Convidamos amigos escritores e jornalistas, mas também de outras áreas menos óbvias. O resultado foi uma coleção de 150 livretos digitais, os Mojo Books, e outras 600 crônicas, os Mojo Singles. Ainda nos primórdios, a distribuição era feita via *download* de PDF e incentivávamos as pessoas a compartilhar livremente o livro, o qual, após mil downloads em nosso site, estaria "esgotado" — e, portanto, passível de leitura somente se a Cultura Participativa os abraçasse. Até hoje comunidades de fãs trocam os Mojo Books de suas bandas favoritas.

Com o DNA digital que a Mojo sempre teve, desenvolvemos projetos de localização cultural — a transição da cultura e comunicação de uma empresa para outra cultura — para diversas multinacionais, criamos campanhas publicitárias *no-media* — investindo as maiores verbas na produção de conteúdo — e chegamos afinal ao maior projeto imaginável: projetar e especificar a plataforma de conteúdo do Sesc São Paulo, a Multiplat. Foram quatro anos de trabalho e nesse tempo o nome mudou, o escopo se consolidou e terminou por assumir a forma de uma verdadeira unidade do Sesc São Paulo, o Sesc Digital. Após esse processo, a Mojo como consultoria e agência entendeu que já havia cumprido sua vocação e se transformou em uma associação sem fins lucrativos.

O Instituto Mojo de comunicação intercultural apresentou ao Sesc Digital o interesse de ampliar seu programa de literatura com a realização de um projeto multilíngue, de preservação e abrangência cultural voltado para a difusão da leitura. Seria o primeiro projeto nominalmente produzido para Sesc Digital. Em 2020, a pandemia de covid-19 levou ao fechamento temporário das unidades físicas do Sesc e diversas ações culturais migraram para a internet. O Sesc Digital tornou-se o epicentro da produção audiovisual para suprir a demanda do público das unidades em isolamento doméstico.

Nesse tempo tivemos a oportunidade de refinar a curadoria, os colaboradores, a tecnologia. É sinceramente um prazer registrar que todos os editores, tradutores, revisores e artistas gráficos que trabalharam no projeto se sentiram parte de um esforço coletivo em prol de um ideal em comum. Não é difícil criar coisas assim quando há uma instituição como o Sesc para realizar e respaldar. Seus próprios paradigmas são um convite para a criação livre e responsável.

Nosso objetivo curatorial foi revelar algumas das principais nuances migratórias que formaram a cultura brasileira por meio de obras literárias. Não apenas isso, também era preciso encontrar o equilíbrio fora de algo como o imperialismo linguístico. Um equilíbrio entre obras muito lidas — e que por isso necessariamente precisavam estar disponíveis gratuitamente — e outras, esquecidas, empoeiradas nas prateleiras do domínio público. Uma última premissa da curadoria era que os gêneros e as faixas etárias também fossem contemplados, indo de textos do Leste Europeu como *O Leviatã* até as histórias sino-americanas de *Contos de crianças chinesas*. As 14 obras resgatam sentimentos esquecidos ou obliterados para seus descendentes.

Tivemos poucos fracassos no caminho. O mais difícil foi abrir mão da tradução do épico *Chaka*, de Tomas Mofolo, que conta a ascensão e queda do grande líder da nação Zulu. A escassez da literatura africana em domínio público foi um sinal de alerta para todos. A narrativa de Mofolo é considerada uma das primeiras escritas por africanos em solo africano. Ela data de 1925. Escrita em sesoto, língua banta falada pelo povo bassuto, sua tradução se tornou um desafio. Infelizmente, não foi possível encontrar, no Brasil, um tradutor de sesoto para português — no entanto, ainda não desistimos. Por essa razão, decidimos utilizar textos folclóricos africanos coletados por homens brancos europeus como uma forma de apontarmos essa lacuna literária, um subproduto da exploração e da escravização de todo um continente.

Obviamente um esforço como o projeto Literatura Livre é um incentivo ao nosso programa, que prescinde do apoio das iniciativas privadas e públicas, papel assumido aqui pelo Sesc. A mesma parceria com o Sesc pode e deve ser replicada para o comércio, a indústria e os serviços. Quanto mais apoio, maior o acervo livre. Este livro é uma continuação do projeto que traduziu obras literárias de diversas culturas e idiomas. Aqui, buscamos ampliar os clássicos que o Sesc e o Instituto Mojo publicaram no *site* Literatura Livre.

Tradução como comunicação intercultural e crítica

O conhecimento livre sempre teve como barreira a língua originária das obras e outros documentos. Nesse ambiente, nosso trabalho de comunicação intercultural constrói pilares e conexões entre culturas diversas em busca de uma tradução mínima para o entendimento mútuo. Dos aspectos de linguagem gestual e alimentar, passando pelas artes e os documentos acadêmicos, a comunicação intercultural desenha uma barra mínima de informações recíprocas.

Quando um grupo de escritores, entre os quais estavam Eva Almassy, Tahar Ben Jelloun, Maryse Condé, Dai Sijie, Ananda Devi, Michel Le Bris e Jean Rouaud, decidiu publicar um livro intitulado *Manifeste pour une "littérature-monde"* (*Manifesto por uma literatura-mundo*), o que eles celebravam era a chegada ao universo francófono de "romances barulhentos, coloridos, mestiços, que diziam, com uma força rara e palavras novas, o rumor destas metrópoles exponenciais em que se chocavam, se misturavam, se mesclavam às culturas de todos os continentes". [2]

Todos buscavam chancelar a produção literária de países francófonos.

Esse processo de enriquecimento cultural ocorre no Brasil quando recebemos aqui autores de Guiné-Bissau, Angola, Cabo Verde, Moçambique, Timor Leste, São Tomé e Príncipe e Guiné Equatorial. Porém, essa ampliação do nosso universo cultural também pode ser feita pelo trabalho dos tradutores. Ela é capaz de alargar as fronteiras da nossa literatura-mundo e do nosso universo ficcional ao trazer para dentro da língua portuguesa outras realidades e culturas, sejam elas contemporâneas ou já em domínio público.

As traduções são capazes de ampliar nosso universo. Já a crítica dessas traduções aprofunda esse exercício ao jogar luz sobre o processo no qual essas relações se consolidam. As traduções são parte importante da "República Mundial das Letras" onde também habitam os leitores de língua portuguesa. Analisá-las npode possibilitar novas perspectivas e debates, pois há sempre algo transformador no olhar do outro.

Nesse sentido, este livro busca construir um diálogo intercultural mais simétrico entre as culturas envolvidas, principalmente aquelas produzidas nas sociedades ditas periféricas, através da prática consistente da tradução e do fácil acesso às obras vertidas para o português. Para tal, convidamos alguns dos melhores tradutores, pesquisadores, escritores e

---

2 Trecho do manifesto *Pour une "littérature-monde" en français* publicado no jornal *Le Monde* em 15 de março de 2007 e assinado por Muriel Barbery, Tahar Ben Jelloun, Alain Borer, Roland Brival, Maryse Condé, Didier Daeninckx, Ananda Devi, Alain Dugrand, Edouard Glissant, Jacques Godbout, Nancy Huston, Koffi Kwahulé, Dany Laferrière, Gilles Lapouge, Jean-Marie Laclavetine, Michel Layaz, Michel Le Bris, JMG Le Clézio, Yvon Le Men, Amin Maalouf, Alain Mabanckou, Anna Moï, Wajdi Mouawad, Nimrod, Wilfried N'Sondé, Esther Orner, Erik Orsenna, Benoît Peeters, Patrick Rambaud, Gisèle Pineau, Jean-Claude Pirotte, Grégoire Polet, Patrick Raynal, Jean-Luc V. Raharimanana, Jean Rouaud, Boualem Sansal, Dai Sitje, Brina Svit, Lyonel Trouillot, Anne Vallaeys, Jean Vautrin, André Velter, Gary Victor e Abdourahman A. Waberi. Disponível em: https://www.lemonde.fr/livres/article/2007/03/15/des-ecrivains-plaident-pour-un-roman-en-francais-ouvert-sur-le-monde_883572_3260.html.

descendentes dessas etnias para analisar as traduções das obras presentes no projeto Literatura Livre.

A curadoria buscou textos da Ásia, da América Latina e do mundo árabe — além de outros ditos "clássicos" do ponto de vista Ocidental —, dentro do conceito de diálogo intercontinental "Sul-Sul" iniciado por intelectuais no famoso encontro em Dar-Es-Salaam, na Tanzânia, em 1976. Esperamos que as traduções dessas obras e suas respectivas análises representem mais um capítulo do processo que Enrique Dussel chamou de "projeto de libertação histórica" (DUSSEL, 1973, 105).

Um dos aspectos mais empolgantes da atualidade é a oportunidade de experimentar literaturas de todo o mundo. A fantástica experiência de poder ler *Coração das trevas,* de Joseph Conrad, em português, com uma tradução cuidadosa e completamente gratuita apesar de existir no mercado brasileiro dezenas de edições disponíveis para compra, é um ato de ativismo cultural. Do ponto de vista acadêmico, o que se perde de uma língua para outra é parte essencial do trabalho crítico que você encontrará neste livro. É esse trabalho que busca ajudar a completar os pequenos espaços que a tradução não é capaz resolver. Para termos um universo linguístico mais completo precisamos do trabalho de tradução e todo o universo de crítica literária que o acompanha. Assim como "cultural" é um termo que, por analogia, significa e está relaciono ao cultivo da terra, a etimologia da palavra "crítica" está ligada ao termo grego *"krinein"*, que quer dizer "quebrar". A crítica cultural, portanto, quebra em pequenos pedaços um fenômeno cultural presente em um determinado texto e procura encontrar novos sentidos em todas essas partes.

É a crítica que vai explicar que no texto, em árabe, *Al-Bukhala'*, escrito por Al-Jahiz entre os séculos XIII e XIV, há nuances como "Lua" (*"Qamar"*), que é uma palavra masculina, e "Sol" (*"Shams"*), uma palavra feminina. É a crítica que ajuda a compreender o momento histórico que a ficção representa, o modo como foi construída sua narrativa, os costumes descritos, os cenários e acontecimentos vividos. Por essa razão, após oferecermos ao mundo da língua portuguesa 14 obras digitais gratuitas, achamos necessário incluir nessa jornada pioneira a produção deste livro crítico.

Para nós, as traduções e a literatura comparada operam mudanças no mundo literário que vão, segundo Eurídice Figueiredo, "desde a descolonização dos países africanos e as diásporas de escritores que se instalaram nos países ocidentais, embaralhando o próprio conceito de Literatura Nacional" (FIGUEIREDO, 2013, p. 31). As críticas, além de construir um cenário sobre a imigração e sua participação na formação da literatura nacional, apresentam trabalhos comparativos de literaturas de países que passaram por colonizações e debatem conceitos como "literaturas centrais" e "literaturas periféricas".

Os ensaios aqui publicados apresentam os "entre-lugares" dos quais fala Homi K. Bhabha em *"O local da cultura"*. Desde os hibridismos que os imigrantes produziram e produzem na língua portuguesa, passando pela "identidade intervalar" (BHABHA. 1998, p.41) que surge, por exemplo, no texto de Sui Sin Far (a escritora Edith Maude Easton, de *Mrs. Spring Fragrance)*, as "vidas duplas" do cotidiano repartido em duas culturas que se sobrepõem intermitentemente em vários personagens.

A diversidade cultural das traduções é a lente para entender nossa contemporaneidade. Elas são uma apresentação e análise do período histórico no qual as obras foram produzidas. Entendemos como os deslocamentos culturais e a discriminação social muita vez sofridas pelos personagens que representam povos subordinados, como em *El Zarco* e *Aves sin nido,* acabam por produzir e fixar tradições culturais, recuperar histórias reprimidas e apresentar um corpo crítico a uma literatura pouco divulgada.

As traduções do projeto Literatura Livre nos permitem também redescobrir autores capazes de criticar as políticas praticadas por nações poderosas, dotando a história de mais complexidade e ampliando nossa percepção dos acontecimentos. As obras de Swift e Conrad, por exemplo, nos ajudam a compreender como o colonialismo e a equivocada ideia de superioridade europeia produziu atrocidades pelo mundo. Ambos são autores que falam de dentro do monstro imperialista. Não são observadores distantes, ao contrário, são parte integrante da sociedade que eles descrevem e criticam.

Assim, a literatura auxilia a humanidade no ato corajoso de pensar criticamente. Ter acesso à literatura é um direito que nos ajuda a desenvolver a empatia ao olharmos o mundo pelos olhos do outro. Ler é um processo pelo qual o leitor descobre como o escritor expressa a vida humana e o mundo. O escritor e os tradutores oferecem aos leitores outros mundos, outras realidades, outras perspectivas. A literatura ensina que há éticas e culturas que não possuem valor de mercado, porém, são elas que reformam as instituições, explicitam e condenam os preconceitos. A crítica, por sua vez, através da análise de obras literárias, oferece, mesmo em tempos pós-modernos, ferramentas que nos auxiliam a superar as contradições de um presente que, muita vez, nos oprime. A literatura nos acorda para a superação que a leitura e o exercício da crítica podem oferecer. Ela nos leva a outros mundos, enriquece nossa vida, amplia nossas fronteiras. Quanto mais obras forem traduzidas e apresentadas aos leitores da língua portuguesa, mais amplo será nosso mundo.

Dois objetos continuarão para sempre sem ocupar o mesmo lugar no espaço. Mas ideias, quantas forem, nunca serão suficientes para explodir nossas cabeças. Elas são portas, janelas, passagens, atalhos, vielas. São oportunidades para caminharmos por outras veredas. A literatura não é apenas entretenimento. Ela é capaz de alterar a maneira como compreendemos o mundo, de produzir profundos impactos na nossa percepção da realidade e de nos ensinar que, como afirmou o poeta Ferreira Gullar: "a arte existe porque a vida não basta".[3]

---

3   GULLAR, F. Porque a vida não basta. *Folha de S.Paulo*, São Paulo, 22 set. 2013. Caderno Ilustrada, p. E8.

Referências

AQUINO, T. *Suma de Teologia*. 9 v. São Paulo: Loyola, 2005.

ATTIE, M. F. Os *sentidos internos em Ibn Sina*. Porto Alegre: ediPUCRS, 2000.

ATTIE, M. F. *A filosofia entre os árabes*. São Paulo: Palas Athena, 2002.

ATTIE, M. F. *O intelecto em Ibn Sina*. Cotia, SP: Ateliê Editorial, 2007.

AVICENA. *Kitab al-Shifa'*. Editado por Fazlur Rahman. Oxford: Oxford University Press, 1959.

BHABHA, H. K. *O local da cultura*. Belo Horizonte: Editora da UFMG, 1998.

BRASIL. Senado Federal. *Direitos autorais*. 4. ed. Brasília: Secretaria de Editoração e Publicações/Coordenação de Edições Técnicas, 2015.

DUSSEL, E. *Para una ética de la liberación latino-americana*. v. 2. Buenos Aires: Siglo Veintiuno Editores, 1973.

ESTADOS UNIDOS DA AMÉRICA. *The Copyright Act of 1976*. Copyright Law of the United States and Related Laws Contained in Title 17 of the United States Code. Disponível em: https://copyright.gov/about/1790-copyright-act.html. Acesso em: 30 mar. 2022.

FIGUEIREDO, E. Literatura Comparada: o regional, o nacional e o transnacional. *Revista Brasileira de Literatura Comparada*, v. 23, p. 31-48, 2013.

IBN SINA. *O livro da Alma*. Trad. Miguel Attie Filho. São Paulo: Globo, 2010.

IBN SINA. *A origem e o retorno*. Trad. Jamil Ibrahim Iskandar. São Paulo: Martins Fontes, 2005.

ISKANDAR, J. I. *Compreender Al-Farabi e Avicena*. Petrópolis, RJ: Vozes, 2011.

LE BRIS, M. (org.); ROUAUD, J. (org.). *Pour une littérature-monde*. Paris: Gallimard, 2007.

MALONEY, W. A. *First Foreign Copyright Registered 125 Years Ago*. U.S. Copyright Office, 2016. Disponível em: https://www.copyright.gov/history/lore/pdfs/201602%20CLore_February2016.pdf. Acesso em: 30 mar. 2022.

PHILLIPSON, R. *Linguistic imperialism*. Oxford: Oxford University Press, 1992.

REINO UNIDO. *[The] Statute of Anne*, 1710. Disponível em: https://avalon.law.yale.edu/18th_century/anne_1710.asp. Acesso em: 30 mar. 2022.

PRÓLOGO

O fantasma da cultura

Marcos Flamínio Peres

"O tradutor propriamente dito é quase sempre uma presença fantasma. Ele faz sua entrada imperceptível no verso da página de rosto. Quem seleciona seu nome ou olha para seu trabalho com especial gratidão?" (STEINER, 1975, p. 291). A formulação lapidar de George Steiner resume o estatuto ambíguo do tradutor ao longo dos séculos. Embora reconhecido nos círculos estreitos dos eruditos como um mediador universal da cultura e do conhecimento, ele permanece ignorado pela imensa maioria dos leitores.

Em seu livro incontornável sobre o tema, *Depois de Babel – questões de linguagem e tradução*, de 1975, o crítico francês recupera a imagem bíblica da Torre de Babel para defender que a tradução "está formal e pragmaticamente implícita em cada ato de comunicação" (*Ibidem*, p. 14). Nesse sentido, ele valoriza não apenas os tradutores de ofício, como também os escritores que demonstram uma consciência aguda dos atos de comunicação. É o caso de Franz Kafka, cujas narrativas podem ser entendidas como "uma parábola contínua sobre a impossibilidade da genuína comunicação humana" (*Ibidem*, p. 92). Mas também se aplica a Jorge Luis Borges, cujo conto mais célebre, "Pierre Menard, o autor do

Quixote", de 1939, "é o mais perspicaz, o mais condensado comentário que alguém já ofereceu sobre a atividade da tradução" (*Ibidem*, p. 96).

Apesar disso, a tradução sempre foi um tema controverso.

Já no século XVIII, a partir do Iluminismo, através da famosa *Encyclopédie*, o estatuto da tradução torna-se objeto de especulações constantes. O filósofo Jean D'Alembert, por exemplo, exigia coragem dos tradutores, argumentando que não deveriam se passar por meros copistas, mas, sim, por "rivais dos autores que traduzem" (D'ALEMBERT, 2004, p. 75). Sugeriu também que trechos da obra original que não fizessem sentido para o leitor da língua de chegada fossem simplesmente descartados, afinal de contas, "por que transplantar para uma língua o que só tem encanto em outra, como os detalhes da agricultura e da vida pastoral, tão agradáveis em Virgílio e tão insípidas em todas as suas traduções?" (*Ibidem*, p. 79).

Charles Batteux, influente tratadista de retórica do século XVIII, não chegava a tanto, mas, mesmo assim, prescrevia uma inesperada liberdade formal ao tradutor, que, caso necessário, deveria "abandonar totalmente a forma do texto que traduz" (BATTEAUX, 2004, p. 103) em benefício da clareza, da vivacidade e da satisfação.

Já Goethe, ainda no século XVIII, defendia que a tradução perfeita deveria ser "idêntica ao original, não de modo que um deva vigorar ao invés do outro, mas no lugar do outro" (GOETHE, 2001, p. 21).

Língua, nação e pertencimento

Jean Racine, o grande trágico do Classicismo francês, fez a apologia de sua língua materna ao equipará-la ao grego e ao latim. No prefácio a *Iphigénie* (1674), afirmou de maneira peremptória que "o bom senso e o discernimento são idênticos em todos os séculos. O bom gosto de Paris tem se mostrado em harmonia com o de Atenas" (*apud* STEINER, 1975, p. 451).

Contudo, conforme mostra Pascale Casanova em *A República mundial das letras*, a pretensão do francês de se tornar uma *língua franca* das artes e da cultura promoveu uma contrarreação, em particular entre os escritores, dramaturgos e filósofos alemães da segunda metade do século XVIII. Eles passaram a valorizar o que era específico em uma dada língua e em uma dada cultura: seu passado, seus costumes, seus dialetos. Recusavam a suposta universalidade da Antiguidade greco--latina, da qual a França se julgava herdeira, em prol da valorização da Idade Média, período histórico em que nações como a Alemanha e a Inglaterra se formaram. Rejeitavam as formas herdadas da tradição antiga, como a tragédia e a epopeia, enquanto resgatavam expressões de caráter popular como a balada e a cantiga. Sobretudo, rejeitavam o francês, língua falada pelas elites cultas da Europa, buscando a restauração dos dialetos e línguas regionais. Não foi por acaso que a filologia floresceu nesse período.

Desde então, começa a tomar contornos nítidos a ideia de que a língua materializa um suposto caráter nacional. De fato, ao se oporem à hegemonia da língua francesa, pensadores como Herder perseguiam a "qualidade singular da experiência humana, sendo cada cultura, cada idioma, um cristal particular refletindo o mundo de um modo específico" (CASANOVA, 2002, p. 104).

Mas seria Friedrich Schleiermacher quem sistematizaria a hermenêutica como ciência da interpretação. Ele opõe-se frontalmente às concepções iluministas defendidas por D'Alembert, para quem o homem verdadeiramente cosmopolita deve rejeitar quaisquer formas de pertencimento a determinada identidade. Assim como Herder, Schleiermacher considera que só podemos ser originais em nossa própria língua, pois apenas ela nos torna intelectual e afetivamente autônomos, capazes de formular conceitos e expressar sentimentos genuínos. Logo, a língua falada e escrita por determinado povo é o que lhe permite compartilhar sua história. Desenraizar o indivíduo de sua própria língua não significa cosmopolitismo — mas, sim, um ato de violência.

Tal reação à ideia da pretensa universalidade da língua francesa acabou por estruturar a linha mestra do movimento que passaria a ser conhecido, a partir da Alemanha, como Romantismo. Essa concepção se alastraria por todo o mundo — por exemplo, no Brasil, o tupi-guarani seria "descoberto" por românticos como Gonçalves Dias e José de Alencar.

Schleiermacher fez da tradução o epicentro da existência humana, propondo que apenas através dela os homens podem investigar o passado e construir o futuro. É o que defende em "Sobre os diferentes métodos de tradução" (1813), um texto-chave para compreender a moderna reflexão sobre o tema: "a nossa língua só pode prosperar bem renovada e desenvolver completamente a sua força própria através do contato multilateral com o estrangeiro" (SCHLEIERMACHER, 1813, p. 83)

A hipótese de Schleiermacher sobre a importância da tradução seria comprovada por Madame de Staël, autora do notável *Da Alemanha* (1813). Trata-se do primeiro livro a sistematizar e divulgar, fora da Alemanha, essas novas ideias. Escrito em francês, a obra permitiu que o Romantismo se tornasse um movimento verdadeiramente europeu — e, em seguida, ocidental —, devido à capacidade de penetração da língua francesa.

Tempos depois, quando o Romantismo já havia aberto as portas para as literaturas do Norte, a questão da especificidade das diversas línguas volta à tona através da espinhosa tarefa de verter Shakespeare. Victor Hugo, autor de *Os miseráveis*, compreende a tradução de *Hamlet* e de *Otelo* para o francês como um choque de civilizações: "O inglês se esconde o mais que pode do francês. Os dois idiomas são compostos em sentido inverso. Seu polo não é o mesmo; o inglês é saxão, o francês é latino". A "antipatia imemorial" entre eles se deve ao fato, segundo o romancista, de que "a língua inglesa tem em si uma força isolante tão perigosa que a Inglaterra, instintivamente, para facilitar suas comunicações com a Europa, tomou seus termos de guerra do francês, seus termos de navegação do holandês e seus termos de música do italiano". Decorre daí, diz, a "perpétua luta surda entre o inglês e o francês, quando postos em contato. Nada é mais laborioso do que fazer coincidir esses dois últimos idiomas. Parecem destinados a exprimir coisas opostas" (HUGO, 2000, p. 324-325). Aos olhos de Hugo, a tradução, e apenas ela, promoverá a superação dessa "luta surda".

A presença ausente

Foi justamente a capacidade do inglês de incorporar e adaptar termos oriundos de outras línguas, motivada por interesses comerciais e financeiros, que pavimentaria sua hegemonia no século XX.

Contudo, em boa parte do século XIX, o francês reinou soberano como língua da cultura. Exemplo disso foram as traduções das obras do grande escritor escocês Walter Scott, que constituem um exemplo sem igual de apropriações culturais propiciadas pelas trocas linguísticas.

Hoje, sabemos quão avassaladora foi a influência que os romances de Scott, como *Waverley* e *Ivanhoe*, teve sobre boa parte dos romancistas da primeira metade do século 19, como em Balzac e Victor Hugo, na França; em Alessandro Manzoni, na Itália; em Alexandre Herculano, em Portugal; em Fenimore Cooper, nos Estados Unidos; e em José de Alencar, no Brasil. O ponto de inflexão dessa constelação que atingiu em cheio todo o sistema literário ocidental não se deu no Reino Unido, mas na França.

No entanto, a construção desse fenômeno europeu e transatlântico se deu em larga medida por meio das mãos de uma figura pouco mencionada nas histórias literárias, o francês Auguste Defauconpret, responsável por verter os 24 volumes dos romances de Scott. O próprio editor de Scott enviava-lhe as provas originais de Londres mal saídas da gráfica, de modo que o novo romance do autor escocês fosse publicado quase simultaneamente em ambas as línguas.

Desconhecido, para não dizer ignorado pelo público, Defauconpret mostrou-se essencial para ajustar o romancista escocês ao gosto de um leitor bastante distinto daquele do de língua inglesa, com expectativas e formas de representação muito particulares. Defauconpret tomou uma série de liberdades em suas traduções ao suprimir prefácios e até alguns capítulos.

Mas a característica marcante de suas versões reside no tom melodramático que adotou, como a ostensiva polarização entre bem e mal, que era muito mais discreta no original. Como o gênero melodramático estava muito em voga na França da época, Defauconpret provavelmente tinha em mente apresentar uma tradução que caísse no gosto de seus potenciais leitores. A estratégia funcionou, e Scott acabou por fazer imenso sucesso na França e em outros países da Europa e da América, onde o francês permanecia identificado como a língua da cultura, lida pelas elites.

As várias traduções dos romances de Scott em todo o Ocidente, que fizeram dele um dos primeiros *best-sellers* da história, partiram em sua maior parte dessa versão muito particular do texto original, feita por Defauconpret. Exemplo disso foi nosso primeiro e principal tradutor de Scott, o médico baiano radicado em Paris Caetano Lopes de Moura, que seguiu de perto a versão de Defauconpret — e não o romance original, em inglês. Foi essa versão para o português, "filtrada" pelo melodrama em voga na França, que provavelmente foi lida por boa parte de nossos escritores do século 19.

A língua suprema

Avançando sobre o caminho aberto pela hermenêutica de Schleiermacher, o filósofo Walter Benjamin escreveria um dos textos mais influentes sobre o assunto no século 20, que é "O ofício do tradutor" (1923). Especulativo, baseado em uma visão platônica da linguagem, ele pressupõe a impossibilidade de recuperar, por meios objetivos, o sentido primeiro da língua. Em uma obra poética, "o que lhe é essencial não é a comunicação, não é o enunciado [...], mas aquilo que se reconhece em geral como o inapreensível, o misterioso, o 'poético', aquilo que o tradutor só pode restituir ao tornar-se, ele mesmo, um poeta" (BENJAMIN, 1923, p. 102). Assim, realizar uma tradução literal significaria realizar "uma transmissão inexata de um conteúdo inessencial" (*Ibidem*, p. 102).

O texto de Benjamin teria muita influência entre os pensadores pós-modernos, em particular Paul de Man e Jacques Derrida, para quem a tradução representa "um momento paradigmático de questionamentos mais amplos sobre a natureza da linguagem, seus limites e suas finalidades" (LAGES, 2002, p. 170). Mas se mostra também essencial para uma reflexão brasileira sobre a teoria da tradução, representada sobretudo por Haroldo de Campos. Em seu "Da transcriação: poética e semiótica da operação tradutora" (2011), ele interpreta a reflexão do pensador alemão como uma "inversão da relação hierárquica tradicional entre texto original e traduzido" (*apud* LAGES, 2002, p. 186). Campos se pergunta como uma determinada tradução pode resgatar "o grande motivo da integração das muitas línguas na única língua verdadeira"? (CAMPOS, 2011, p. 108). Para responder a essas perguntas, serve-se igualmente das ideias do linguista Roman Jakobson, para quem toda tradução resulta necessariamente em uma "transposição criativa" da língua original para a de chegada. Tanto a reflexão quanto a prática tradutória de Campos seguem tal lógica, o que as tornam tão particulares no cenário brasileiro.

O futuro

Steiner defende que a capacidade do homem de "conceptualizar o mundo" através da linguagem foi essencial à sobrevivência da espécie, e, sob esse aspecto, o ofício do tradutor adquire toda sua relevância. No prefácio à terceira edição de seu livro, ele ironiza a tentativa do esperanto de se tornar uma língua universal que superasse as particularidades, estimulado "pelo triunfalismo da ciência, da tecnocracia, das finanças internacionais e da mídia de massa" (STEINER, 1975, p. 10).

A tentativa não deu certo, como sabemos, e o esperanto não aboliu a diversidade nem colocou em xeque o ofício do tradutor. Mas o que dizer hoje, em dias de aplicativos como o Google Translator, que oferecem versões gratuitas em tempo real para uma infinidade de línguas? Se a qualidade do produto final permanece altamente questionável, sua funcionalidade e seu custo parecem cada vez mais jogar na indigência e no anonimato o trabalho refinado do tradutor para "conceptualizar o mundo".

De maneira triunfal, a ciência nos assevera hoje que "a linguagem não é mais uma barreira para a ultrapassagem de fronteiras e a comunicação cultural" (MUDAWE, 2019, p. 74), sugerindo, portanto, que estamos em vias de desfazer o nó que a torre de Babel nos lançou desde tempos imemoriais. No entanto, a pasteurização que a tradução algorítmica fornece parece não dar conta da diversidade que Herder, Schleiermacher e Madame de Staël diagnosticaram na passagem do século 18 para o 19, e para a qual a tradução representa a chave mestra — se não para abolir a torre de Babel, ao menos para abrir várias de suas portas. A utopia da tradução como "a *total identificação* com um autor determinado", que Borges cristalizou no conto "Pierre Menard, o autor do Quixote", permanece ainda como um desafio e, ao mesmo tempo, um elogio ao tradutor: "Ele não queria compor outro *Quixote* — o que seria fácil — mas *o Quixote.* [...]; não se propunha copiá-lo. Sua admirável ambição era produzir páginas que coincidissem — palavra por palavra e linha por linha — com as de Miguel de Cervantes" (BORGES, 2007, p. 38).

A utopia da coincidência perfeita segue ainda como aquilo que move o tradutor.

Referências

BATTEUX, Charles. Princípios da literatura. Em: FAVERI, Cláudia Borges de; TORRES, Marie-Hélène Catherine (orgs.). *Clássicos da teoria da tradução*: antologia bilíngue, v. 2. Florianópolis: Núcleo de Tradução/UFSC, 2004. p. 91-109.

BENJAMIN, Walter. A tarefa do tradutor. Em: *Escritos sobre mito e linguagem*. Trad. Susana Kampff Lages e Ernani Chaves. São Paulo: Duas Cidades/Editora 34, 2011. p. 101-119.

BORGES, Jorge Luis. Pierre Menard, autor do *Quixote. Ficções*. Trad. Davi Arrigucci Jr. São Paulo: Companhia das Letras, 2007. p. 34-45.

CAMPOS, Haroldo. A *língua pura* na teoria da tradução de Walter Benjamin. Em: *Da transcriação*: poética e semiótica da operação tradutora. Belo Horizonte: Fale/UFMG, 2011. p. 108-121.

CASANOVA, Pascale. *A república mundial das letras*. Trad. Marina Appenzeller. São Paulo: Estação Liberdade, 2002.

D'ALEMBERT, Jean. Observações sobre a arte de traduzir em geral e sobre este ensaio de tradução em particular. Em: FAVERI, Cláudia Borges de; TORRES, Marie-Hélène Catherine (orgs.). *Clássicos da teoria da tradução*: antologia bilíngue, v. 2. Florianópolis: Núcleo de Tradução/UFSC, 2004. p. 63-87.

GOETHE, Johann W. Três trechos sobre tradução. Em: HEIDERMANN, Werner (org.). *Clássicos da teoria da tradução*: alemão-português, v. 1. Florianópolis: Núcleo de Tradução/UFSC, 2001. p. 17-23.

HUGO, Victor. Prefácio da nova tradução das obras completas de Shakespeare. *William Shakespeare*. Trad. Renata Cordeiro e Paulo Schmidt. Londrina: Campanário, 2000. p. 319-330.

LAGES, Susana Kampff. *Walter Benjamin*: tradução & melancolia. São Paulo: Edusp, 2002.

MUDAWE, Osama Mudawe Nurain. Ramping the Future of Translation Studies through Technology-based Translation. *International Journal of Comparative Literature & Translation Studies*, v. 7, n. 3, jul. 2019, p. 74-86. Disponível em: https://www.journals.aiac.org.au/index.php/IJCLTS/article/view/5676/4097. Acesso em: 29 out. 2021.

SCHLEIERMACHER, Friedrich. Sobre os diferentes métodos de tradução. Em: HEIDERMANN, Werner (org.). *Clássicos da teoria da tradução*: alemão-português, v. 1. Florianópolis: Núcleo de Tradução/UFSC, 2001. p. 27-87.

STEINER, George. *Depois de Babel*: questões de linguagem e tradução. Trad. Carlos Alberto Faraco. Curitiba: UFPR, 2005.

Bibliografia selecionada

George Steiner, *Depois de Babel: questões de linguagem e tradução*, trad. Carlos Alberto Faraco, Curitiba: UFPR, 2005.
Trata-se do livro mais ambicioso já escrito sobre a tradução. Refutando a ideia de uma abordagem estritamente teórica, o livro situa a tradução em um contexto muito amplo, no qual cada língua "constrói um conjunto de mundos possíveis e cartografias da memória". Ela é, portanto, elemento central para a sobrevivência das línguas minoritárias contra a supremacia homogeneizadora das assim chamadas línguas majoritárias, pois "cada língua mapeia o mundo diferentemente". Preservá-las significa preservar uma parte da experiência humana, pois, conclui, "quando uma língua morre, um mundo possível morre com ela".

Paulo Rónai, *A tradução vivida*, Rio de Janeiro: José Olympio, 2012.
Organizador da maior empreitada tradutória já realizada no Brasil, a publicação da *Comédia humana*, de Balzac, o húngaro Paulo Rónai repassa nessas oito conferências sua experiência com as tantas línguas que dominava. Em uma escrita sóbria e acessível, o livro passeia por várias literaturas, abordando desde questões de ordem pessoal, como o uso de dois-pontos pelo poeta Valle-Inclán, à tradução do artigo definido, o plágio, as adaptações, as alterações dos títulos etc.

Paulo Henriques Britto, *A tradução literária*, Rio de Janeiro: Civilização Brasileira, 2012.
Uma obra para iniciados concebida por um dos grandes tradutores da língua inglesa em atividade no Brasil. Britto procura orientar o profissional através de questões práticas, como o cuidadoso uso de coloquialismos e regionalismos do português falado. Dedica capítulos à tradução de poesia e de prosa; pergunta-se, por exemplo, sobre "como forjar, no português,

um estilo que de algum modo corresponda ao de Henry James". Discute também suas próprias opões teóricas, além de abordar a profissionalização da atividade no Brasil nas últimas décadas, em contraste com a situação marginal em que vivia até os anos 1970.

Coleção *Clássicos da teoria da tradução: antologia bilíngue*. 4 v. Florianópolis: Núcleo de Tradução/UFSC.
A mais abrangente antologia de textos-chave sobre a tradução já lançada no país divide-se em quatro volumes: alemão-português (2001), francês-português (2004), italiano-português (2005) e Renascimento (2006). A maior parte dos textos coligidos, até então de difícil acesso, são de autores como Schleiermacher, Goethe, Walter Benjmain, Giacomo Leopardi, Giambattista Vico etc.

João Pombo Barile, A arte da tradução, *Suplemento literário de Minas Gerais*, edição especial, Belo Horizonte: Secretaria de Estudo da Cultura, 2015.
No número de maio de 2015, a prestigiosa e longeva publicação disponibiliza na internet depoimentos de alguns dos principais tradutores em atividade, como Augusto de Campos, Paulo Bezerra, Denise Bottmann, Júlio Castañon Guimarães e Jório Dauster. Disponível em: https://issuu.com/suplementoliterariodeminasgerais/docs/2015-maio-especial. Acesso em: 29 out. 2021.

AS ROUPAS FAZEM AS PESSOAS

Gottfried Keller

A obra *As roupas fazem as pessoas*, escrita por Gottfried Keller, narra as desventuras de Wenzel Strapinski, um alfaiate desempregado e faminto que vaga sem destino vestido com trajes muito elegantes feitos por ele mesmo.

A obra de Keller aponta que invariavelmente a sociedade julga o indivíduo apenas pela maneira como ele se veste. Além disso, o texto ironiza certo provincianismo suíço que leva os moradores da pequena cidade a tratar com enorme deferência o pobre alfaiate, após confundi-lo com um aristocrata. Atônito com a recepção calorosa e faminto demais para negar a comida que lhe oferecem, Strapinski aceitas as ofertas e, por fim, se coloca em situações recheadas de reviravoltas.

Apesar de ser um texto muito famoso entre os leitores do idioma alemão, *As roupas fazem as pessoas* não é uma obra muito conhecida no Brasil. Sua tradução para o projeto Literatura Livre, lançado pelo Sesc São Paulo, apresenta uma oportunidade para entrar no universo literário desse grande escritor europeu do século 19.

TRADUZIDO PARA O LITERATURA LIVRE

POR **Giovane Rodrigues**

O uso das aparências

Giovane Rodrigues

Que o leitor se imagine desempregado, sem família ou amigos, miserável, vagando faminto e solitário por estradas que levam a nenhum lugar que o possa acolher. Imagine-se, ainda, um trabalhador talentoso que se veste, orgulhoso, com os produtos do seu trabalho — digo literalmente: você é um excelente alfaiate, e não se permite vestir-se com menos do que o seu talento pode realizar. Acompanhe-me, leitor, e imagine essa situação insólita, mas concebível, com os desenvolvimentos mais fantásticos. Você chega a um hotel de uma pequena mas próspera cidade e se vê confundido com um riquíssimo nobre; por essa razão, lhe são oferecidos comida, conforto, respeito e — pasmem — até o mais singelo amor. Esta é, em suma, a situação que Gottfried Keller nos apresenta em sua célebre novela *As roupas fazem as pessoas*.[1] Como afirma o próprio autor, trata-se de uma fábula que, como tal, tem sua "moral". Cabe a nós, leitores, interpretá-la e, talvez, aprender algo com ela.

---

[1]   Publicada em 1873, no segundo volume do ciclo de novelas *A gente de Seldvila*. As traduções de *Romeu e Julieta na aldeia* (São Paulo: Editora 34, 2013) e *As roupas fazem as pessoas* (São Paulo: Mojo, 2019) são as únicas novelas desse ciclo atualmente disponíveis ao leitor brasileiro.

A história convida, imediatamente, a dois gêneros bastante diferentes de interpretação. O primeiro, tomando o seu protagonista como centro de uma reflexão moral, questiona a respeito dos dilemas em que aquele indivíduo se vê enredado, e para os quais é chamado a tomar decisões éticas: em qual caso o alfaiate estaria justificado em aceitar o papel que lhe é imposto? Haveria razões para não tratarmos o protagonista como um impostor e, automaticamente, condená-lo moralmente pelas mentiras que conta? Ou (caso o leitor note o cuidado com que Keller evita pôr mentiras na boca do seu protagonista) não seria responsabilidade moral daquele que se beneficia de mentiras ou confusões dizer a verdade? O segundo gênero de interpretações, ainda no âmbito das reflexões morais, colocaria ênfase no contexto em que a história se desenrola e no qual o protagonista deve fazer suas escolhas. É verdade que o protagonista se beneficia à custa do engano e da humilhação de toda uma cidade — mas não seria a cidade ainda mais responsável que esse indivíduo? Não seriam os preconceitos, as tendências sociais que privilegiam os ricos em detrimento dos pobres, essa injustiça aparentemente constitutiva da sociedade burguesa, a real causa dos enganos e humilhações? Afinal de contas, algo deve estar errado com uma sociedade que se engana tão profundamente sem que haja qualquer intenção criminosa (ao menos inicialmente) da parte do protagonista.

O que há de comum nesses dois tipos de abordagem, e que constitui grande parte da fortuna crítica em torno da novela, não é apenas que ambas sejam reflexões morais a respeito da fábula — o que, de resto, é de se esperar da interpretação de fábulas: que reflitamos sobre sua "moral". Mais que isso, ambas têm uma perspectiva que leva os leitores a refletir a respeito da responsabilidade como algo muito próximo da imputabilidade. Ambas olham para os eventos e se perguntam "de quem é a culpa?", o que deixa subentendido que algo inegavelmente terrível ocorreu ali. Tratar-se-ia, então, de algo que não deveria ocorrer; e, para evitá-lo, seria preciso analisar os erros, as faltas e aprender como julgar casos semelhantes. E "julgar", aqui, não está semanticamente distante de "condenar". Com efeito, mesmo a leitura mais descuidada da novela de Keller identificará uma crítica a respeito do julgamento que tendemos a fazer a partir das aparências — e, desse ponto em diante, poderá o leitor tirar as mais variadas interpretações.

Gostaria, no entanto, de mostrar que perderemos algo de valioso se, ao seguirmos nossas tendências moralizantes (que em tudo buscam culpados e condenações), não considerarmos um uso positivo das aparências, um certo modo de explorar as circunstâncias em que aparentemos ser algo diferente do que somos — não como ocasião para agir mal ou para tirar proveitos de outros, mas para fomentar a constituição de nós mesmos.

Assim, convido o leitor a explorar essa outra perspectiva, assumindo um terceiro gênero de interpretação, diferente dos mencionados antes. Mantenhamo-nos no âmbito das reflexões morais (ou éticas, como queiram),[2] mas assumindo uma orientação menos voltada à questão "qual a coisa certa?" e mais a outra das questões fundantes da ética, "como devo viver?".[3] Mais especificamente, a novela de Keller me parece especialmente propícia para refletirmos a respeito das ferramentas à nossa disposição

---

2   Apenas para situar o leitor nessas distinções sutis do pensamento filosófico, há várias maneiras de distinguir os âmbitos da ética e da moral, as quais servem a diversos (e frutíferos) propósitos. Prefiro lembrar, no entanto, que na linguagem comum não costumamos separar com muita ênfase o que é "antiético" do que é "imoral", o que aponta para uma sinonímia, na linguagem cotidiana, entre ética e moral. Para quem queira uma justificativa mais técnica para essa indistinção, recorde-se de que ambos os termos derivam de cognatos do grego e do latim: os termos *ethos* e *mos* significam, sobretudo, "costumes" em cada uma dessas línguas.

3   A respeito dessa distinção, cf. *Ethics and the limits of philosophy*, de Bernard Williams. Outra maneira de falar dessa distinção é apontar para a ambiguidade do termo *ethos* (do qual deriva "ética"), que, por vezes, designa os costumes de um grupo, por vezes, o caráter de um indivíduo. Quando a pergunta recai não apenas sobre o caráter do indivíduo, mas sobre os modos mais adequados de constituí-lo, estamos no âmbito a que este ensaio se propõe.

para que possamos constituir, autonomamente, traços positivos de caráter — o que os antigos costumavam chamar de "virtudes" —, ou ainda, para que possamos criar as virtudes que gostaríamos de ter e segundo as quais gostaríamos de pautar nossas vidas. Trata-se, é claro, de uma discussão difícil, como em geral costumam ser as conversas mais sérias a respeito da ética. Por isso, precisamos de um fio condutor que facilite o trabalho e nos permita concentrar a atenção em um certo número de conceitos e preceitos, evitando, assim, que nos percamos em generalidades ou em tecnicalidades desnecessárias. Nisso, pedimos auxílio de Friedrich Nietzsche, filósofo alemão contemporâneo de Keller. Em especial porque — como adiantamos no título — a pergunta nietzschiana, "como alguém se torna o que é?", oferece contexto e suporte para a interpretação de *As roupas fazem as pessoas*.

Wenzel Strapinski, um jovem, talentoso e pobre alfaiate, acaba de perder seu emprego. Ao vagar pela estrada de Seldvila em direção à opulenta Goldach, aceita a carona de um cocheiro para fugir da chuva num rigoroso inverno suíço, em uma carruagem que seguia vazia para um castelo, onde um conde, seu dono, a esperava. Ao chegar, assim, em Goldach — bem-vestido como poucos e numa elegante carruagem —, Strapinski é recebido numa estalagem frequentada pelos melhores da cidade como alguém ainda melhor. Depois de uma série de mal-entendidos, somados à timidez e ao caráter romanticamente soturno do herói, ele é conduzido pelo dono do hotel, e tido por toda a cidade como um misterioso conde polonês (em razão, também, de uma maldosa brincadeira do cocheiro, que contou essa mentira na cozinha, esperando, com isso, que Strapinski mais tarde se encontrasse em maus lençóis).

Esse é o início cativante, pois nos fisga como fazem as grandes histórias, de um desenvolvimento muito mais profundo, que envereda, por um lado, na exploração da oposição entre essência e aparência e, por outro, no movimento de transformação de Strapinski, a qual passa necessariamente pelo uso das aparências — para que (como quero defender) encontre sua essência.

Para sintetizar essa ideia, gostaria de indicar um ponto de inflexão da novela, o momento em que a disposição de Strapinski em relação à comédia que o destino joga com ele muda completamente, quando a "moral" da história de Keller claramente se põe em termos morais. Esse divisor gira em torno da heroína, Nettchen, ou, mais precisamente, dos dois primeiros encontros dos protagonistas, tomados como o desenrolar de um único evento moral para Strapinski. Antes da entrada em cena de sua musa, poderíamos atribuir tudo ao acaso e à necessidade, mas não ao arbítrio de Strapinski.[4] Antes, o narrador ainda podia falar mais facilmente em "mentira involuntária" ou em "erro involuntário". Passar-se por conde e fruir da boa mesa era também uma imposição da necessidade fisiológica: a fome aviltante que lhe levaria a mendigar se suas roupas não desmentissem sua situação calamitosa; a tão charmosa aparência projetada por ele, tão fundamental para enganar os goldachianos, de melancolia, polidez e palidez, fugia-lhe completamente ao controle. E muitos outros acasos, completamente alheios à sua vontade, conspiraram para que todos cressem em aparências enganosas: sua elegância aristocrática ao cavalgar (resultado casual de sua breve experiência militar), a canção polonesa que ele sabia cantar como um papagaio (resultado casual de um período entre trabalhadores poloneses), seus afortunados ganhos no jogo, na loteria, os presentes que lhe caíram ao colo porque se supunha que ele havia perdido a bagagem. Em suma: não era Strapinski quem projetava

---

4   Há um breve momento de evidente autointeresse no comportamento de Strapinski, em que uma motivação exclusivamente hedonista se apodera dele. Em suas palavras: "Eu seria um tolo se aceitasse a vergonha e a perseguição que estão por vir sem ter aproveitado ao máximo disso! Então que assim seja, enquanto é tempo! A torrezinha que eles me serviram aqui provavelmente é o último prato; não vou deixá-lo passar, seja o que for! O que eu tiver no estômago nem um rei poderá me tomar!" (p. 14-15). Mas ela é certamente excepcional em toda a novela, porque serve para confirmar a regra de seu comportamento: vítima do acaso, ele prefere a virtude ou a elevação em Nettchen, como ainda veremos.

essas aparências, mas aqueles que o cercavam. Ele ainda não usava as aparências como um modo de constituir-se a si mesmo, ainda não as usava como expressão de algo que ele ainda não era (mas que poderia ser). Depois de Nettchen, contudo, toda a história é a manifestação de um estranho arbítrio do protagonista — estranho porque não livre; estranho porque essencialmente ligado a Nettchen, seu ideal.

Quando somos apresentados à heroína, "uma nova guinada tinha lugar, uma senhorita pisava o palco dos acontecimentos". Momentos antes, Wenzel procurava uma rota de fuga, pela qual levaria seus ganhos no jogo, para em seguida pagar as dívidas que fizeram em Goldach e esquecer toda aquela história. Mas, naquele momento, ele é envolvido pela presença da moça, e suas intenções mudam. Quais são elas? Não mais, como antes, gozar do prazer de comer e beber à mesa que o acaso lhe pusera, de viver a frívola vida de um aristocrata. A partir de agora, seu desejo é mais sutil; não se trata nem mesmo do desejo carnal pela jovem moça, mas da elevação que ela lhe inspira. A partir de agora, sua felicidade era de outra ordem: "sentia uma enorme felicidade e, de an-temão, dizia a si mesmo: 'Ah, ao menos uma vez na vida você terá visto alguma coisa, ao menos uma vez você terá se sentado ao lado de um ser tão elevado!'"[5].

Algo diferente comanda Strapinski agora: não mais aquelas experiências casuais, nem mesmo as necessidades que eventualmente o fizeram agir contra suas tendências mais naturais; essas eram circunstâncias externas, todas alheias aos seus desígnios e desejos mais próprios — mesmo que desconhecidos dele. "Em suma, na presença da moça, os instintos do

---

5 Não custa lembrar a semelhança entre Nettchen, a heroína de Keller e seu Strapins-ki, e Gretchen, a heroína de Goethe e seu Fausto. Não apenas por serem chamadas assim, no diminutivo, mas porque ambas encarnariam esse modo sublime de se deixar conduzir "para cima", como atestam os últimos versos da segunda parte do *Fausto*: "Tudo o que é efêmero/ É apenas um símile;/ A insuficiência/ Aqui se torna evento;/ O indescritível/ Aqui se efetiva;/ O eterno-feminino/ Puxa-nos para cima" (a tradução literal, desconsiderando metro e rima originais, é do autor).

alfaiate começaram a dar seus pulos, como cavalos conduzindo o cavaleiro". Note-se que a tradução não é "instintos *de* alfaiate" — o que, na linguagem impregnada de valores aristocráticos do século XIX, poderia significar "instintos baixos". Trata-se, simplesmente, dos instintos de Wenzel Strapinski tomando as rédeas da mão do acaso e daquelas necessidades. Estas também não são sexuais ou fisiológicas — pois não são de modo algum esses os instintos que se manifestam na presença da moça. A partir de agora, surge em Wenzel uma outra necessidade, outra espécie de instinto. Algo ainda desconhecido dele, e que pedirei a licença de chamar de sua *essência* (termo que ainda terei a oportunidade de definir mais claramente).

Nettchen, eu dizia, é o ponto de virada na determinação de Strapinski e, portanto, da determinação da moral da história. Essa virada se dá, como dito também, em dois pontos associados. Passemos, agora, ao segundo deles. Mais uma vez, Strapinski considera partir e deixar para trás os engodos a que involuntariamente submeteu os goldachianos. Então, ele é colocado diante de uma escolha clássica — literalmente, já que tomada de Cícero. No portão de Goldach, Wenzel "se viu então na mesma situação do jovem no entroncamento: em uma verdadeira encruzilhada". Esse jovem, nos diz Cícero, é ninguém menos que o semideus Hércules, que, como Strapinski, esteve certa vez no dilema entre o prazer e a virtude. E tal situação se manifestava materialmente para nosso herói: de um lado, a cidade representava os prazeres e a felicidade material de que ele poderia continuar fruindo; de outro, a paisagem além do portão representava a consciência tranquila e a vida calma da virtude que vem com ela. Uma vez mais, Wenzel tinha tomado sua decisão: a virtude e a fuga; e partia de Goldach prometendo pagar suas dívidas e deixar para trás essa vivência que lhe torturava a consciência. Nesse momento, porém, passa a galope sua amada, e tudo muda, como da outra vez. Ele tira seu chapéu, ela cora ao lhe acenar de volta, e o resultado é que, depois disso, nosso herói "fez involuntariamente a meia-volta e retomou, consolado, o caminho da cidade".

Dois comentários são muito relevantes aqui. Em primeiro lugar: o leitor atento terá notado que Strapinski abandona de todo o dilema ético nessa sua encruzilhada. Ele não escolhe nem prazer nem virtude, mas uma terceira via: Nettchen. Ele não é levado à sua amada pelos prazeres que ela certamente lhe trará, e não são, evidentemente, os prazeres da cidade que ele escolhe ao dar meia-volta. Do mesmo modo, ele recusa as virtudes modorrentas da boa consciência[6] que o dilema ciceroniano lhe apresentou como o caminho mais desejável. É o seu ideal, sua elevação na figura de Nettchen, o que ele persegue. Mais tarde, ele dirá que tentou fugir, "mas foi impedido pelo fato de que ela própria lhe aparecera como em um sonho encantado". Por isso, ele sente que encontrou consolo; por isso, ele se mostra transfigurado na cena seguinte.

Em segundo lugar, o termo "involuntariamente" aparece aqui como o correlato dos "instintos" que tomam as rédeas das decisões de Strapinski, sem que ele saiba exatamente de que se trata. Sobre esse desconhecimento de si, falarei mais detalhadamente na próxima seção. Mais importante agora é reatar algo que já foi dito: não se trata mais de algo externo, mas de algo na *essência* de Strapinski, que o impele para as suas ações. Como veremos, essa é a marca da virtude para Nietzsche, e o único caminho para que efetivamente possamos nos tornar o que somos.

O fato é que agora Strapinski se faz responsável pelas aparências que lança de si para a cidade de Goldach e — se essa for a intenção do leitor —, a partir de agora, pode teoricamente ser imputado pelo crime de exibir-se como alguém diferente de quem é. Mas esse é precisamente o ponto ético

---

6   Sobre as virtudes modorrentas, ver o discurso "Dos catedráticos da virtude", do primeiro volume de *Assim falou Zaratustra* (1883), de Nietzsche. Escolher a virtude porque ela permitiria dormir bem à noite, sem as "mordidas da consciência", é certamente um caminho para longe da virtude.

de nossa via de investigação. A estratégia de lançar-se acima de si e, nesse movimento, buscar uma elevação que nos torne melhores ao mesmo tempo em que somos plenamente fiéis a quem somos. Bem, essa parece ser uma meta digna, se o projeto é aprender a conduzir nossas vidas. Esse uso das aparências — que fica claramente no limite da moralidade do certo e do errado, do bem e o mal, mas que se mostra desejável a partir da terceira abordagem apresentada na introdução (e que coincide com a terceira via de Strapinski: a elevação em Nettchen) — é exatamente a que pautará o conde Strapinski, ao menos até a derrocada de seu experimento sobre si.

> Agora havia recuperado completamente seu ânimo. A cada dia, ele se transformava, como um arco-íris que se torna visivelmente mais colorido quando o sol irrompe. Ele aprendeu em horas, em instantes, o que outros não aprendem em anos, uma vez que essas coisas se infundiam nele como as cores se infundem em gotas de chuva. Ele examinava atentamente os modos de seus colegas e, enquanto observava, os transformava em algo novo e exótico; em especial, buscava auscultar o que realmente pensavam a seu respeito e que tipo de imagem faziam dele. Trabalhava sobre essa imagem segundo seu próprio gosto, para o prazeroso divertimento daqueles que queriam ver algo novo, e para a admiração de outros, especialmente das mulheres, que ansiavam por estímulos elevados. Desse modo, ele rapidamente se tornou o herói de um galante romance, no qual amavelmente trabalhava em conjunto com toda a cidade, e cuja parte principal se mantinha sempre um segredo. (KELLER, 1874)

Nietzsche era um grande admirador da obra de Gottfried Keller. Num livro de 1879, depois de exaltar Goethe, o maior dos escritores alemães, Nietzsche se pergunta "o que resta verdadeiramente da literatura alemã que mereça ser lido e relido sempre?". Em resposta, ele menciona quatro livros, entre eles *Gente de Seldvila*, cujo segundo volume, do qual se extrai

As roupas fazem as pessoas, havia sido publicado seis anos antes.[7] A estatura da obra de Keller — um autor consagrado em seu tempo, mas até nossos dias pouco conhecido fora do mundo germanófono — poderia ser tratada como suficiente para essa apreciação de Nietzsche. Mas a partir da presente análise da novela de Keller e de sua interpretação a partir de alguns conceitos nietzschianos, creio que veremos com mais clareza alguns dos motivos que levaram Nietzsche a tal juízo.

Ao falar da trajetória de Strapinski, destaquei dois pontos. Em primeiro lugar, o fato de que o protagonista da novela de Keller está não apenas submetido às condições básicas para uma transformação de si mesmo por meio da sua migração forçada, mas que, em determinado momento, assume para si essa tarefa a partir de seu contato com Nettchen, que lhe aparece como um ideal capaz de elevá-lo. Em segundo lugar, que essa busca não responde mais, a partir de certo momento, a exigências externas, mas a um certo impulso difuso, mal conhecido por Strapinski: seus instintos (como nos diz expressamente o narrador). Eles o colocam no caminho decisivo da transformação de si por meio do uso das aparências que se atribuíram a ele: movido por esse impulso involuntário, mas que é inequivocamente *ele*, o herói passa a se tornar o que ele *é*. Esse parentesco

---

7   Todos sabemos quão pouco reconhecido foi Nietzsche pela inteligência europeia de sua época — algo que, em vida, ele tentou sanar, sem sucesso. Uma de suas estratégias era enviar cópias de seus livros mais recentes para aqueles que considerava seus pares, cuja obra ele apreciava e que julgava capazes de apreciar sua própria obra. Keller era um desses pares. Como no caso de muitos deles, no entanto, a relação sempre foi unilateral. Em 1882, Nietzsche enviou a Keller um exemplar de *A Gaia Ciência*; no ano seguinte, o primeiro volume de *Assim falou Zaratustra*; e em 1886, seu *Além do bem e mal*. No primeiro caso, sabemos que Nietzsche recebeu uma resposta protocolar; nos outros, não temos registros de respostas (Cf.: MÜLLER-BUCK, Renata. Briefe. Em: OTTMANN, Henning (Org.). *Nietzsche Handbuch*. Leben – Werke – Wirkung. Suttgart: Verlag J. B. Metzler, 2011, p. 175). O fato de que Nietzsche tivesse sido professor na Suíça durante parte dos anos 1870, na Universidade da Basileia, permitiu que ele conseguisse, com algum esforço, um encontro pessoal com Keller, em 1884. Sabemos pouco a respeito desse encontro, o qual certamente não trouxe repercussões para a vida e a obra de nenhum dos dois autores. (Para mais material a respeito da relação entre Nietzsche e Keller, ver: HOFFMANN, D. M. (Org.) *Nietzsche und die Schweiz*. Zürich: Offizin, 1994.)

no modo de pensar, que me parece um ponto de contato a princípio insuspeito, mas imensamente esclarecedor, tanto da obra de Keller quanto da de Nietzsche, receberá a partir de agora toda a nossa atenção. Refiro-me, mais uma vez, ao imperativo que certa vez Nietzsche dirigiu a si mesmo, "torna-te aquele que és",[8] e que mais tarde se tornou o subtítulo de sua autobiografia, *Ecce Homo*: *como se tornar aquilo que se é.*

Um breve passar de olhos por essa máxima já nos opõe uma dificuldade bastante básica: se somos algo, não precisamos nos tornar precisamente isso; se precisamos nos tornar algo, é lícito supor que ainda não somos tal coisa. Há, claramente, uma tensão aqui, mas que seria temerário chamar de "contradição" antes que entendêssemos bem o que esse aparente paradoxo poderia nos ensinar.

Seria equivocado supor, por exemplo, que se trate, aqui, de uma crítica às aparências, como um convite a despir-se dos excessos para encontrarmos uma essência que estaria encoberta, uma interioridade soterrada pelas aparências. Não é assim que Nietzsche fala a respeito dessa essência individual que antecede nosso trabalho de nos tornarmos o que somos. Um texto de juventude, publicado no mesmo ano da novela de Keller, pode nos ajudar a afastar tanto a ilusão de paradoxo

---

8   *A Gaia Ciência*, §270: "O que diz tua consciência? — 'Tu deves te tornar aquele que tu és'". A tradução é de minha responsabilidade, a partir de *Die fröhliche Wissenschaft* (*Kritische Studien-Ausgabe*, v. 3. München: de Gruyter, 1999). Vale notar que há variações na formulação dessa máxima, que não passam apenas pela pessoa ou modo gramaticais, mas também pelo pronome relativo usado por Nietzsche, algo que passa batido por muitos intérpretes e que, por essa razão, irrita a muitos outros intérpretes. Na passagem traduzida, lemos: "*Du sollst der werden, der du bist*", em que os pronomes *podem* ser traduzidos como referindo-se a algo pessoal ("aquele que"); já no subtítulo de *Ecce Homo*, não há escolha: ao traduzir "*wie man wird, was man ist*", o pronome é indeterminado, de modo que se deve traduzir por "como alguém se torna *aquilo* que se é", ou "como nos tornamos *o que* somos", ou alguma variação do gênero. Então há algo de impessoal naquilo que antecede o processo de "tornar-se", um fundo de determinação que ainda não é pessoal, não é "eu", mas que irá encontrar seu caminho até lá, até o eu, no caso de uma constituição ética bem-sucedida. Daí a importância de não dizer "como alguém se torna *quem* se é", como por vezes se faz, o que já pressuporia algum nível de pessoalidade nesse antecedente do que nos tornaremos.

daquela máxima quanto a ideia de que aqui se trate de exteriorizar alguma interioridade infensa a aparências. Nietzsche diz, ali: "sua verdadeira essência não se encontra profundamente escondida em você, mas imensuravelmente acima de você, ou ao menos acima do que você ordinariamente toma por seu eu". Ou seja, não é nem por meio de uma introspecção e interiorização que encontraremos *isso* que somos; nem por meio de uma purificação daquilo que entulha nosso acesso a essa camada supostamente mais originária de nosso eu; nem, ainda, por meio da negação das coisas inessenciais que parecemos ser e que negariam nossa essência.

Talvez aqui o confronto com a novela de Keller lance luz a essa concepção nietzschiana de uma essência que não é uma interioridade oculta, e Nietzsche, reciprocamente, ilumine a fábula de Keller. Passamos, há pouco, pelo modo como a linguagem da elevação e da nobreza figura no imaginário de Strapinski quando ele decide investir nas aparências e se passar por conde polonês em Goldach. Nesse caso, é como se ele tivesse encontrado algo em que atar suas mais naturais tendências (mal conhecidas dele próprio) a um ideal em que ele pudesse se reconhecer e se irmanar *caso* fosse capaz de se elevar à sua altura. O que Wenzel *era* antes disso estava lá, mas essa sua essência só se mostra no contato com algo que a ilumine e eleve.

Assim, a essência de que fala Nietzsche não é um núcleo originário que, ao longo de uma vida, é encoberto por camadas que a negam. E isso deveria estar de acordo com qualquer regra de bom senso, pois quem de nós poderia dizer que é quem foi? Ou que aquele que um dia fomos é um ser mais essencial do que o que agora somos? Bem, se a essência não é algo que deve ser recuperado no passado — e ainda assim quisermos continuar usando esse conceito —, então ela deve ser algo que de alguma maneira se mostra no presente, ainda que como uma projeção de futuro. Nesse caso, podemos fazer mais sentido com o "tornar-se" nietzschiano, uma vez que é razoável que nossa essência seja o resultado de um trabalho sobre nós mesmos, mas que ainda assim responde a exigências postas por nossa natureza, nossos instintos. A ideia de uma natureza mais ou menos fixa e imutável, que precisa encontrar as condições ideais para poder se efetivar e "tornar-se o que é" talvez ganhe mais clareza a partir do seguinte trecho de *Além do bem e do mal.*[9]

> [...] no fundo de todos nós, "lá embaixo", existe algo que não aprende, um granito de *fatum* espiritual, de decisões e respostas predeterminadas a seletas perguntas predeterminadas. Em todo problema cardinal fala um imutável "sou eu" [...]. Logo deparamos com certas soluções de problemas, que justamente a nós nos inspiram uma forte fé; de ora em diante são chamadas de "convicções". Mais tarde — enxergamos nelas apenas pistas para o autoconhecimento, indicadores para o problema que nós *somos* — ou, mais exatamente, para a grande estupidez que somos, para nosso *fatum* espiritual, *o que não aprende* "lá embaixo".

É como se o mundo e as vivências exteriores não fizessem mais que ajudar no desdobrar-se de um si que tem alguma orientação prévia já determinada. Esse *fatum* se expressa em nós mesmos de maneira difusa, pouco clara, em forma de fé, ou de convicção, ou de instinto — algo que não conhecemos bem e que, Nietzsche insiste, é importante que continue assim. É isso o que ele afirma, por exemplo, em *Ecce homo*, quando diz: "Que alguém se torne o que é pressupõe que não suspeite sequer remotamente *o que é*". Isso, por sua vez, reverbera outra máxima anti-intuitiva de Nietzsche: "De uma vez por todas, muitas coisas eu *não* quero saber. — A sabedoria traça os limites também para o conhecimento". Há muito a falar

---

9   Cito o título em tradução diferente da de Paulo César de Oliveira, embora o texto citado seja dele.

a respeito dessa crítica direta de Nietzsche aos modos usuais de busca de autoconhecimento, ou seja, ao imperativo "Conhece-te a ti mesmo!".[10] Um dos aspectos dessa crítica é a ideia de que não é pela interiorização e introspecção, por um aprofundamento da consciência, que seremos mais cientes de nós mesmos. Nossa essência, Nietzsche dizia, não está em nós, mas naquilo que exibimos a nós mesmos como sua realização. É, antes, pela crença em nossas tendências mais inconscientes, por impulso de nosso *fatum* granítico, de nossos instintos íntimos e próprios, que iremos *manifestar* o que somos e, de preferência, nos tornarmos justamente isso. Assim, trata-se menos de "conhecer" quem se é e muito mais de sê-lo, ou tornar-se isso mesmo. Em sua autobiografia, na sequência da passagem citada há pouco, Nietzsche alega ter feito justamente isso, à medida em que se abandonava à "tutela suprema" dos instintos, sem se preocupar em *saber* aonde eles o levavam.

Ora, é justamente essa insciência o que moveu Strapinski em todas as suas decisões fundamentais. Chamamos atenção para isso anteriormente, e o leitor que retomar a novela de Keller se espantará com a quantidade de ações "involuntárias" determinando o destino — o *fatum* — de seu herói. Esse é o caminho do tornar-se o que se é, o qual, aliás, coincide com o caminho para a nobreza espiritual, que Nietzsche canta tão belamente. Ser nobre implica um confiar cegamente em si (no que se é, para que se possa tornar-se isso), em ter fé nos caminhos para os quais aponta uma natureza nobre (a qual Strapinski certamente possui). Por isso Nietzsche dizia, ainda naquela mesma passagem de sua autobiografia: "'Querer' algo, 'empenhar-se' por algo, ter em vista um 'fim', um 'desejo' — nada disso conheço por experiência própria". Precisamente nesse sentido, são "involuntários" os caminhos que levam à nobreza. Assim, ao se perguntar, em *Além do bem e mal*, "o que é nobre?",

10   Ver, por exemplo, *A Gaia Ciência*, §335.

Nietzsche alerta: "necessitar do que é nobre é radicalmente distinto das necessidades da alma propriamente nobre, e inclusive um sintoma eloquente e perigoso da sua ausência"[II]. Em oposição, a fé nos instintos, naquilo que não sabemos acerca de nós mesmos, mas que ainda assim nos guia, esse é o sintoma da nobreza: "alguma certeza fundamental que a alma nobre tem a respeito de si, algo que não se pode buscar, nem achar, e talvez tampouco perder". Daí a importância dos acasos, dos experimentos sobre si, do investimento levemente temerário naquilo que a fortuna coloca diante de cada um, como a condição para o cultivo de si e a conquista de uma nobreza própria.

O leitor atento notará uma bem-intencionada omissão na longa citação, apresentada anteriormente, do aforismo 231 de *Além do bem e mal*, indicada, ali, pelo sinal "[...]". Tratava-se, naquele momento, da introdução, por parte de Nietzsche, de um tema que lhe irá ocupar por uma sequência de seus aforismos, a respeito da relação entre os gêneros, que na sequência ele caracteriza como uma perene "tensão hostil" entre homens e mulheres. Trata-se de uma passagem claramente talhada para gerar controvérsia, já em seu século — que dirá 150 anos depois! O tom frequentemente jocoso desses textos certamente não envelheceu bem, dando mostras de um machismo inconciliável com os avanços exigidos e conquistados pelas mulheres de nosso século. Não foi por essa razão, contudo, que o omiti, mas porque apenas agora estamos em posição de mostrar, ainda que muito brevemente, que essas considerações de Nietzsche sobre a mulher estão estritamente alinhadas ao modo como Strapinski ata-se ao seu ideal feminino. Nesse momento, o filósofo endossa a posição que atribui a Dante e Goethe, e que identificamos claramente em Keller, na relação entre Wenzel e Nettchen: "a crença do

---

II Tradução alterada.

homem num ideal radicalmente outro *escondido* na mulher, num eterno e necessário feminino".[12]

Estamos diante de algo semelhante quando Nietzsche se pergunta, no livro já citado de 1873: "é possível chegar tão próximo àquele ideal inacreditavelmente elevado a ponto de que ele nos eduque à medida que nos atrai para cima?".[13] A resposta é "sim, é possível". Isso significa entender como o jogo de aparências ajudou Wenzel a criar a si mesmo na figura do conde Strapinski.

Mesmo que estejamos presos ao *fatum* que somos, há ainda, segundo Nietzsche, um grande campo aberto para a transformação e a criação de si. Tornamo-nos algo ao fazer algo de nós mesmos, ao lançarmo-nos adiante, para além, para fora. Daí a importância de que Strapinski tenha efetivamente aceitado sua migração como uma abertura para o novo, para o desconhecido; ele era, sobretudo, para as possibilidades de uma

---

12 O contexto dessas passagens é o de uma crítica aos esforços pela emancipação da mulher no século XIX, que tirariam dela alguns dos seus traços mais distintivos e importantes para a cultura em geral (da época). A mulher, segundo Nietzsche, se torna menos natural e, por isso, se degenera ao negar essa sua natureza. Ao negar "sua autêntica e astuciosa agilidade ferina, sua garra de tigre por baixo da luva, sua inocência no egoísmo, sua ineducabilidade e selvageria interior, o caráter inapreensível, vasto, errante de seus desejos e virtudes...", ela promove "uma desagregação dos instintos femininos, uma desfeminização" (§239). Mais uma vez, no presente contexto, não convém entender o modo como essas observações se inserem na visão de mundo nietzschiana (notando, de passagem, que em caso nenhum convém *censurar* essas observações machistas, por serem machistas). Mais importante é notar que a mulher aparece como um ideal a partir do qual o homem pode salvar-se de sua estupidez também constitutiva e encontrar um caminho para uma constituição sadia de si. A insciência da mulher e seu caminho mais seguro na vida dos instintos — como dito na citação — é, segundo Nietzsche, dos argumentos mais fortes para que o homem se livre se si, de sua consciência e de seu "impulso para a verdade", ao aprender com a mulher a arte de *não* conhecer (conforme a máxima citada no corpo do texto de *Crepúsculo dos Ídolos*: "... muitas coisas eu *não* quero saber").

13 Nisso, Nietzsche ecoa explicitamente uma passagem de *Os anos de aprendizagem de Wilhelm Meister*, de Goethe: "o homem nasceu para uma situação limitada; ele é capaz de discernir objetivos simples, próximos, determinados, e se habitua a empregar os meios que estão a seu alcance imediato; mas assim que atinge regiões distantes, já não sabe o que quer nem o que deve fazer, e é totalmente indiferente se a grande quantidade de objetos o distrai ou se a elevação e dignidade desses mesmos objetos o fazem sair de si. Para ele, é sempre uma infelicidade quando lhe é dada a ocasião de buscar algo com que não pode se ligar por meio de sua própria atividade regular".

exploração de si mesmo. Lançar-se adiante e para fora é justamente o *auswandern*, o peregrinar para fora e além, que permite que abandonemos o que "ordinariamente tomamos por nosso eu". É assim que Wenzel é fisgado por Nettchen, sem que nenhum dos dois tenha muita clareza a respeito do que acontece ali. Sob a influência e feitiço desse ideal, Keller nos conta como Strapinski "se transformava, como um arco-íris que se torna visivelmente mais colorido quando o sol irrompe", e passava a investir ativamente nessa imagem mais elevada de si, que em tudo dependia das aparências, por sua vez criadas por si — a partir, é claro, da contingência de sua chegada a Goldach. Assim ele investia na mentira, mas com boa consciência. Ele se fazia outro sem desmentir a si mesmo. Ele se enobrecia e, nessa transformação, simplesmente se alinhava a uma nobreza anterior, que desde sempre o constituía. É isso o que significa o uso das aparências para constituição de si, é isso o que significa, em *As roupas fazem as pessoas*, que Wenzel Strapinski se torna o que ele é. Finalmente, é assim que podemos falar de um uso ético das aparências.

Referências

FREUND-SPORK, Walburga. *Lektüreschlüssel*. Gottfried Keller: Kleider machen Leute. Stuttgart: Reclam, 2008.

JEZIORKOWSKI, Klaus. *Gottfried Keller, Kleider machen Leute*. Text, Materialien, Kommentar. Munique: C. Hanser, 1984.

KELLER, Gottfried. *As roupas fazem as pessoas*. São Paulo: Mojo, 2019.

KELLER, Gottfried. *Romeu e Julieta na aldeia*. São Paulo: Editora 34, 2013.

NEUMANN, Bernd. Gottfried Keller, Kleider machen Leute. Em: *Interpretationen, Erzählungen und Novellen des 19*. Jahrhunderts, v. 2. Stuttgart: Reclam, 1990.

NIETZSCHE, Friedrich. *Além do bem e do mal*. Trad. Paulo César de Oliveira. São Paulo: Companhia das Letras, 1992.

NIETZSCHE, Friedrich. Nachlaß 1887-1889. Em: *Kritische Studienausgabe*. v. 13. München: de Gruyter, 1999.

NIETZSCHE, Friedrich. Die fröhliche Wissenschaft. Em: *Kritische Studienausgabe*. v. 3. München: de Gruyter, 1999.

NIETZSCHE, Friedrich. *Crepúsculo dos ídolos*. Ou como se filosofia com o martelo. Trad. Paulo César de Souza. São Paulo: Companhia das Letras, 2006.

NIETZSCHE, Friedrich. O viajante e sua sombra, § 109. Em: *Humano, demasiado humano*. v. 2. Trad. Paulo César de Souza. São Paulo: Companhia das Letras, 2008.

NIETZSCHE, Friedrich. *Ecce homo*. Como alguém se torna o que é. Trad. Paulo César de Oliveira. São Paulo: Companhia das Letras, 2008.

NIETZSCHE, Friedrich. *Schopenhauer como educador*: terceira consideração extemporânea. Trad. Giovane Rodrigues e Tiago Tranjan. São Paulo: Mundaréu, 2018.

SAUTERMEISTER, Gert. Erziehung und Gesellschaft Gottfried Kellers Novelle Kleider machen Leute. Em: RAITZ, Walter; SCHÜTZ, Erhard (Org.). *Der alte Kanon neu*. Lesen, 2. Opladen: VS Verlag für Sozialwissenschaften, 1976.

SELBMANN, Rolf. *Gottfried Keller*: Kleider machen Leute. Munique: Reclam 1985.

VILLWOCK, Peter. Kleider machen Leute. Em: Morgenthaler, Walter (Org.). *Gottfried Keller. Romane und Erzählungen*. Stuttgart: Reclam, 2007. p. 57-77.

WIESE, Benno von. *Die deutsche Novelle von Goethe bis Kafka*. Interpretationen I. Düsseldorf: August Bagel Verlag, 1956.

WILLIAMS, Bernard. *Ethics and the limits of philosophy*. Abingdon: Routledge, 1985.

No conjunto de contos reunidos em *Sra. Fragrância Primaveril* (que inclui um apêndice chamado *Contos de crianças chinesas)*, Sui Sin Far, pseudônimo de Edith Maude Eaton, apresenta temas que atravessavam o cotidiano de migrantes chineses nos Estados Unidos no início do século 20. A escritora de ascendência chinesa e inglesa nos permite conhecer por meio das narrativas de seus personagens vivências marcadas por separações e reencontros, desafios do aprendizado de uma língua e da adaptação a um novo território, a reinvenção das culturas chinesa e estadunidense pelo olhar de quem migra, as memórias e os objetos — sedas, porcelanas, leques — que cruzam oceanos para trazer um pouco da China a terras distantes, além do enfrentamento do controle migratório e de experiências de violência inflamadas pela discriminação racial e nacionalismos. São contos escritos em um momento da história dos Estados Unidos em que esteve vigente o *Chinese Exclusion Act* (Lei de Exclusão Chinesa), mas que dão conta de retratar, de certa forma, a xenofobia enfrentada hoje por pessoas de origem chinesa que, por todo o planeta, vivem sob uma exclusão repaginada, agora equivocadamente culpabilizadas pela emergência de uma pandemia.

TRADUZIDO PARA O LITERATURA LIVRE
POR Ricardo Giassetti

Das origens que herdamos, das bagagens que carregamos, das lutas que escolhemos

Tatiana Chang Waldman

> *"At the age of seven, as it is today, a bird on the wing is my emblem of happiness"*
>
> Sui Sin Far (1890)

Sui Sin Far foi uma das primeiras mulheres de ascendência chinesa a publicar em língua inglesa. Estabeleci, de pronto, laços com sua escrita, sua trajetória, sua forma de cultivar e entender nossa ancestralidade. Seus questionamentos, desde menina, sobre o mundo em que vivemos.

> *Por que somos o que somos?*
> *Eu e meus irmãos e irmãs.*
> *Por que Deus nos fez ser vaiados e encarados?*
> *Papai é inglês, mamãe é chinesa.*
> *Por que não poderíamos ser uma coisa ou outra?*
> *Por que a raça de minha mãe é desprezada?*
> [...] *Ela não é tão querida e boa quanto ele?* (FAR, 1890)

Nasceu como Edith Maude Eaton em Macclesfield, na Inglaterra, em 1865. Aos seis anos, sua família migrou para os Estados Unidos e, mais tarde, estabeleceu-se no Canadá. Com familiares ou sozinha, viveu em diferentes cidades entre os dois países, com uma breve passagem pela Jamaica. Faleceu antes de concretizar seu desejo de conhecer a China.

As origens chinesa e inglesa e a experiência pessoal se manifestam em seu olhar sensível, traduzido em palavras, sobre as migrações humanas. Ainda que seu nome de registro não revelasse a origem materna, traços chineses se mostram presentes não só no pseudônimo adotado, Sui Sin Far, mas também nos debates que pretendeu levantar em diferentes publicações ao longo da sua vida.

Seus textos ocuparam as páginas de periódicos estadunidenses e canadenses retratando a realidade enfrentada por migrantes que vinham da China. Embora pudesse ser vista com certa desconfiança pela pouca familiaridade com a língua materna ou por ter seus traços ingleses mais evidentes, Edith era popular entre os chineses. "Quando enfrentam problemas, constantemente sou convocada para travar suas batalhas nos jornais. Eu gosto disso" (FAR, 1890).

Por parte da escritora, havia um incômodo diante da falta de conhecimento a respeito das pessoas e da cultura chinesa. Desde cedo, ela se questiona sobre as contradições entre o que aprendia na escola inglesa e o que diziam os livros da biblioteca: se na primeira era ensinado que a China havia sido civilizada pela Inglaterra, na última a mesma China era registrada como a mais antiga civilização do mundo.

Edith fez desse desassossego e da escuta de tantos relatos a matéria de seus escritos, apresentando para um público mais amplo uma perspectiva, em grande parte, silenciada.

No conjunto de contos lançados inicialmente em diferentes revistas, reunidos em 1912 e agora traduzidos e publicados pelo projeto Literatura Livre em uma edição bilíngue em duas partes, *Sra. Fragrância Primaveril* e *Contos de crianças chinesas*, a escritora nos conecta com questões que atravessam ainda hoje o cotidiano migrante, colocando em evidência o olhar de mulheres e crianças.

São separações e reencontros, os desafios do aprendizado de uma língua e da adaptação a um novo território, a reinvenção das culturas pelo olhar de quem migra, a construção de afetos, as memórias e os objetos que viajam longas distâncias e aproximam as pessoas de suas origens, o envio de dinheiro para familiares, os projetos de retorno, dentre tantos outros temas que tocam particularmente as pessoas em movimento.

Havia uma especificidade, no entanto, que impactava de forma significativa os personagens dos contos e a própria escritora e que, de alguma forma, se perpetuou ao longo dos anos, desconsiderou fronteiras e chegou até mim.

"E não reclame mais se seu honrado irmão mais velho, em visita a este país, ficou detido nas dependências deste grande governo em vez de ficar sob o teto de sua própria casa. Console-o com o pensamento de que ele está protegido sob a asa da águia, o símbolo da liberdade", nos alerta Sra. Fragrância Primaveril.

"O que os juízes dirão quando eu contar a eles sobre o chinês? [...] O chininha ensebado te conquistou!", brada James para Minnie, sua ex-companheira e protagonista do conto "A história da mulher branca que se casou com um chinês".

Era um contexto permeado pela circulação de estereótipos que desumanizavam pessoas de origem chinesa, vistas como sujas, insensíveis, viciadas em jogos e no consumo do ópio. Trabalhadores chineses eram entendidos como uma ameaça ao trabalho livre, culpabilizados pelas condições de exploração que enfrentavam e pelos baixos salários que recebiam. As mulheres tinham seus corpos objetificados e fetichizados.

O crescente sentimento antichinês nos Estados Unidos, pautado em argumentos nacionalistas e racistas, culminou em manifestações de xenofobia, violência e massacres, como o ocorrido em 1871, em Los Angeles, quando Edith ainda era uma criança. Em 1882, esse anseio foi institucionalizado pela promulgação da primeira lei federal que restringia a migração de um grupo nacional específico: a Lei de Exclusão Chinesa (*Chinese Exclusion Act*).

Por mais de seis décadas foi proibida a migração de pessoas chinesas para o território estadunidense e as que lá se encontravam não poderiam obter a cidadania local. A Lei estabelecia, logo em seu preâmbulo, que "a vinda de trabalhadores chineses para este país [Estados Unidos] põe em risco a boa ordem de certas localidades dentro do seu território" (1882).

No conto "Na terra da liberdade", como num trocadilho, uma criança chinesa é detida pelo órgão de controle de fronteiras ao desembarcar nos Estados Unidos e separada de seu pai e sua mãe. Hom Hing, o pai, tenta tranquilizar sua esposa afirmando o que lhe parecia ser razoável: "Não precisa se lamentar tanto. Logo ele virá te alegrar novamente. Impossível haver uma lei que separe um filho de uma mãe!".

A Lei de Exclusão Chinesa reverberou em diferentes partes do mundo, cerceando a liberdade de movimento dessa população. A chamada "Questão Chinesa" percorria o globo colocando em dúvida se chineses — apresentados como racialmente inferiores e uma ameaça ao trabalho livre branco — eram adequados para a integração nos Estados de destino. O Canadá, país em que Edith passou parte significativa da sua vida, estabeleceu também uma lei que impedia a migração de chineses.

Não é mero acaso, portanto, a presença nos escritos da autora de temas relacionados ao controle fronteiriço, como a detenção, a deportação e a prática do contrabando de migrantes, bem como experiências de violência inflamadas pela discriminação racial e nacionalismos.

"Se Tian Shan fosse americano e a China lhe fosse um país proibido, suas ousadas expedições e excitantes aventuras serviriam de inspiração para diversos artigos em jornais e revistas, livros e contos. [...] Contudo, sendo chinês e o país proibido os Estados Unidos, ele simplesmente foi descrito pela imprensa americana como 'um oriental matreiro' que 'por meios escusos e truques baixos' enganou a vigilância de nossos 'corajosos fiscais alfandegários'", são as palavras que introduzem o conto "O espírito afim de Tian Shan".

No Brasil, o número de chineses era até então pouco expressivo: em 1880, não passava de 3 mil pessoas. Isso não impediu a realização de debates acalorados sobre a sua entrada e permanência no país, especialmente sob a conjuntura da abolição da escravatura e do estabelecimento do regime republicano, resultando na restrição da migração de pessoas de origem asiática no Brasil entre 1890 e 1892.

O projeto de branqueamento da população pautava as discussões em território brasileiro. Mesmo os que defendiam a chegada de chineses, indicavam-na como um elemento transitório para o trabalho, enquanto europeus eram entendidos como um elemento povoador.

Com seus corpos racialmente marcados e carimbados como "não assimiláveis", chineses poderiam ser tolerados como força de trabalho temporária, de acordo com os interesses do Estado brasileiro, mas não como parte da população nacional.

Fato é que não houve um movimento migratório de escala significativa de chineses para o Brasil no período, como ocorreu nos Estados Unidos ou Canadá. Estes chegariam ao país de forma mais expressiva entre as décadas de 1950 a 1970 e, posteriormente, a partir de 1990.

Ler os escritos de Sui Sin Far, em plena pandemia de covid-19, nos põe a refletir sobre a negativa de pertencimento à população chinesa e a imposição de dificuldades à sua entrada e permanência, muros simbólicos e materiais que jamais deixaram de ecoar no Brasil e em tantas outras partes do mundo.

Por meio da ficção, a escritora dá conta de retratar a realidade enfrentada por chineses nos Estados Unidos a partir do final do século 19, mas atravessa o século 20 e chega ao século 21 costurando indesejáveis pontos de encontro com as vivências de chineses no Brasil.

Por aqui, se por um lado, uma parcela considerável da população migrante chinesa reside de forma indocumentada, à margem do sistema de registros (não daqueles que indicam pessoas deportadas ou impedidas de ingressar no país). Por outro, mesmo vivendo há muitas décadas no Brasil, ainda temos que reivindicar, a todo momento, nosso pertencimento ao país.

Digo "nós" por fazer parte de uma família de migrantes chineses que, depois de diferentes deslocamentos internos causados pela guerra sino-japonesa e o posterior estabelecimento da República Popular da China, chegou ao Brasil em 1950 com alguns baús de pertences e a expectativa de um recomeço. Minha avó e meu avô, com seus cinco filhos (incluindo minha mãe, que fez todo o trajeto migratório no mesmo ano em que nasceu), passaram por Curitiba e Campina Grande para, por fim, se estabelecerem em São Paulo.

Os filhos foram "batizados" na escola com nomes mais usuais no Brasil: Rubens, Lúcia, Tereza, Cristina e Katia. Meus avós pediam, assim como alguns personagens dos contos de Sui Sin Far, que se esforçassem no aprendizado da língua local, o que abriria portas no novo país. Não havia perspectiva de retorno em um curto prazo e este nunca veio a se concretizar.

Especialmente nos primeiros anos em Campina Grande, a família despertava a atenção de curiosos. Minha mãe se recorda de pessoas espiando as cinco crianças chinesas brincando no jardim da casa e das sessões de cinema em que sua presença chamava mais a atenção do público que os próprios filmes exibidos. Em eventos importantes da cidade, ela e sua irmã eram chamadas para cantar músicas na língua materna, enquanto meu avô era convidado a ser jurado em concursos locais.

Mas assim como em um ensaio autobiográfico de Sui Sin Far, *Leaves from the mental portfolio of an Eurasian*, escrito em 1890, havia também ruídos que se manifestavam em falas e ações de intolerância. A escritora relata uma infância marcada por pequenas violências: eram beliscões, puxões de cabelo, roupas rasgadas por crianças que as chamavam de amarelas e comedoras de ratos. Ficou marcada na memória a fala de um jovem que comentava a um colega que preferia se casar com um porco do que com uma garota com sangue chinês.

Minha tia não entendia a razão pela qual, nos primeiros tempos de escola, sua régua era quebrada repetidamente no momento em que se ausentava da sala de aula. Com medo de falar com os professores e denunciar colegas, resolveu carregar sua mochila sempre consigo, inclusive nos recreios. Isso a impedia de brincar como as outras crianças. Meu tio relata que escutava dos meninos da escola "Por que você tem o olho assim rasgado? Por que é tão feio?". Em uma situação extrema, chegou a ser empurrado para fora de uma jardineira em movimento que o levava junto com outros estudantes para a escola.

A família tocou sua vida no Brasil. Meu avô era engenheiro e trabalhou especialmente nos setores do papel e da mineração, enquanto minha avó cuidava da casa e das crianças. Ela aprendeu a língua e a história do Brasil por meio dos livros didáticos de seus filhos. Praticava o português com vizinhas e feirantes, que brincavam com sua forma de falar o nome das frutas e verduras. Em São Paulo, o círculo de amigos incluía famílias de outros migrantes chineses, que se reuniam aos fins de semana para jogar *mahjong*, comer, beber e papear.

Depois de alguns anos por aqui, naturalizaram-se. Ao menos no papel, a família passou a ser brasileira. Ainda que os recursos financeiros fossem limitados, todos os cinco filhos conseguiram se graduar em cursos tradicionais e parte deles se casou com brasileiros. Eu, minha irmã e meus oito primos nascemos no Brasil.

Os dilemas entre a manutenção de costumes, tradições chinesas e das crenças de antepassados em contraposição à "americanização", abordados nas obras *Sra. Fragrância Primaveril* e *Contos de crianças chinesas*, retratam de maneira sincera a experiência de tantas pessoas migrantes.

No conto "A sabedoria do novo", Pau Lin e Wou Sankwei divergem sobre a educação de seu filho chinês nos Estados Unidos. Enquanto a mãe o proibia de falar "a língua da mulher branca", o pai argumentava: "Nós moramos no país do homem branco [...] a criança terá de aprender a língua do homem branco também". No desfecho, o filho acaba castigado pela mãe por seguir os passos do pai e usar a língua dos "estrangeiros".

No caso da minha família chinesa, que vive há mais tempo no Brasil do que na China, a constante negociação por pertencimento ao país de destino deixou suas marcas: algumas tradições foram deixadas de lado, outras tantas reinventadas.

A língua materna foi se perdendo gradualmente. Meus avós aprenderam a língua portuguesa, mas falavam entre si e com seus filhos principalmente em mandarim. Nunca deixaram de marcar sua origem com o forte sotaque. Minha mãe e meus tios se dividiam entre a língua materna mantida em casa e a língua portuguesa fora dela. Depois do falecimento dos meus avós, o português predomina até nos encontros familiares.

A leitura dos contos de Sui Sin Far e as referências à cultura chinesa presentes no cotidiano migrante dos personagens — da lichia aos brotos de bambu, da celebração do ano novo lunar ao ato de presentear crianças e jovens com *hóngbāo* — me fizeram resgatar boas memórias.

Sempre cultivei um gosto e um afeto por detalhes, mas não foram poucas as vezes em que me senti dividida: o que era tão bom na esfera familiar parecia inadequado fora dela. O sotaque dos meus avós, tão gostoso de ouvir, era ridicularizado em piadas sobre chineses e pastéis de "flango". O formato dos nossos olhos, que nos aproximava e nos diferenciava como família, eram imitados com deboche por colegas. Os restaurantes chineses, palco dos mais deliciosos encontros, eram vistos como sujos e a nossa comida como fedida e estranha.

Na infância e juventude era mais difícil lidar com essa visão depreciativa sobre o povo e a cultura chinesa. Era uma luta interna entre a admiração e o amor e um certo constrangimento pelo desejo de adequação, de pertencimento. Uma vontade de estar próxima da família, mas afastada dos estereótipos que a ela se vinculavam.

Mag-gee, personagem apresentada como "metade branca" no conto "A cantora", assim como muitas filhas de migrantes, vive em um impasse: "Nasci na América e nem me pareço chinesa, nem fisicamente nem de jeito nenhum! Meus olhos são azuis e tem dourado em meu cabelo. Adoro batata e bife. Toda vez que como arroz passo mal, sem falar dos picadinhos".

Fico pensando em meu pai, filho de uma brasileira e de um migrante judeu polonês que chegou ao Brasil em 1929 junto com alguns de seus irmãos. Não haveria ele sentido, do mesmo modo, essa inadequação? Nunca conversamos a respeito. Meu avô paterno faleceu antes do meu nascimento e não tive a oportunidade de conhecer seus familiares. Tenho contato com sua trajetória pelas memórias do meu pai e por fotos antigas. Carrego comigo seu sobrenome, Waldman, e alguns de seus móveis que hoje mobíliam minha casa.

Para mim sempre foi difícil ser ao mesmo tempo brasileira, chinesa e um pouco polonesa. Ou não ser nem brasileira, nem chinesa, nem polonesa. Lidar com a herança de um movimento migratório que antecede minha existência, mas que a marca de forma significativa. Não ser migrante, mas filha e neta de migrantes.

Ainda que eu tenha nascido no Brasil, de um pai brasileiro e uma mãe naturalizada brasileira que viveu desde o seu primeiro ano de vida no Brasil, que meu documento de identidade registre minha nacionalidade brasileira, passei minha vida toda respondendo à pergunta: "mas de onde você é?"

A resposta "Brasil" nunca convenceu. Essa pergunta, que respondi incontáveis vezes, vem de pessoas e situações variadas, trazendo sempre uma recordação de que você não é como as outras pessoas. Não pertence ao lugar onde nasceu e cresceu, tampouco aos locais de seus ancestrais.

Minnie, personagem branca e estadunidense, se questiona sobre o futuro do seu filho, nascido sob o contexto de exclusão de chineses nos Estados Unidos: "Meu filho, filho de um chinês, possui uma sabedoria infantil que faz brotar lágrimas em meus olhos. Nasceu de mim e de seu pai, mas é diferente de nós dois e, portanto, ficará para sempre entre um povo e outro. Qual será seu destino se não houver tolerância e compreensão entre nós?".

Hoje, não há mais uma Lei de Exclusão Chinesa, mas vigora uma pandemia de xenofobia que, mesmo sem o poder das letras jurídicas, ecoa com força por todo o mundo.

Me toca a forma como Edith, filha de uma mulher migrante chinesa, rompeu o silenciamento e deu conta de elaborar e atribuir significados a diferentes questões que encaramos — tantas pessoas que, como nós, são frutos de encontros em movimentos — em tempos tão adversos aos chineses, como aqueles vivenciados no momento em que escrevia.

Foi pela leitura que Edith descobriu uma outra China. Pela escrita, fortaleceu os laços com sua ancestralidade, criou vínculos com diferentes pessoas, compartilhou percepções e defendeu causas que eram dos outros, mas também suas. Que eram de seu tempo, mas que se mostram contemporâneas.

Fiz da leitura de seus escritos uma conversa que desconsiderava as fronteiras geográficas e temporais que nos distanciavam. No processo de escrita deste artigo, elaborei afetos singulares, palavras que não haviam sido ditas em voz alta. Refleti sobre as razões que me fizeram buscar compreender as migrações por diferentes vias, até me reconhecer como parte e me apropriar desse movimento.

Como nos disse Gloria Anzaldúa, "escrevemos para reescrever as histórias mal escritas sobre nós, para nos descobrir, preservar e construir". Para nos aproximar.

Obrigada, Sui Sin Far.

Referências

ABLETSHAUSER, Alexandra. *Sui Sin Far and the Making of the Chinese North American Identity*. Disponível em: https://transatlanticladies. wordpress.com/2020/05/25/guest-blog-sui-sin-far-and-the-making-of-the-chinese-north-american-identity. Acesso em: 10 nov. 2021.

ANZALDÚA, Gloria. *Falando em línguas*: uma carta para as mulheres escritoras do terceiro mundo, 21 de maio de 1980, Trad. Édna de Marco, *Revista Estudos Feministas*, v. 8, n. 1, 2000.

BRASIL. Congresso Nacional. *Annaes do Senado Federal*. Sessão de 31 de maio de 1892 (Senador Monteiro de Barros). Rio de Janeiro: Imprensa Nacional, 1892.

DEZEM, Rogério. *Matizes do "amarelo"*: a gênese dos discursos sobre os orientais no Brasil (1878-1908). São Paulo: Humanitas, 2005.

FAR, Sui Sin. Leaves from the mental portfolio of an Eurasian, 1890. *Quotidiana*. Ed. Patrick Madden. 2008. Disponível em: http://essays. quotidiana.org/far/leaves_mental_portfolio. Acesso em: 10 nov. 2021.

FAR, Sui Sin. *Sra. Fragrância Primaveril*. Trad. Ricardo Giassetti. São Paulo: Sesc São Paulo; Instituto Mojo, 2019. (Coleção Literatura Livre).

LEE, Ana Paulina. *Mandarin Brazil*: race, representation, and memory. California: Stanford University Press, 2018.

LESSER, Jeffrey. *A negociação da identidade nacional*: imigrantes, minorias e a luta pela etnicidade no Brasil. São Paulo: Unesp, 2001.

NGAI, Mae. Racism has Always Been Part of the Asian American Experience, *The Atlantic*, 21 abr. 2021. Disponível em: https://www.theatlantic.com/ideas/archive/2021/04/we-are-constantly-reproducing-anti-asian-racism/618647. Acesso em: 10 nov. 2021.

XU, Ying. *Edith Maude Eaton (Sui Sin Far)*. Oxford Bibliographies (2014). Disponível em: https://www.oxfordbibliographies.com/view/document/obo-9780199827251/obo-9780199827251-0148.xml. Acesso em: 10 nov. 2021.

Essa coletânea de histórias folclóricas africanas, reunidas e traduzidas pelos escritores europeus para seus idiomas é um exemplo de como boa parte da tradição africana foi representada durante muito tempo: pelo olhar do outro. Elphinstone Dayrell, autor de *The Folk Stories from Southern Nigeria*; George W. Bateman, autor de *Zanzibar Tales Told by Natives of the East Coast of Africa*; e Robert Hamill Nassau, autor de *Where Animals Talk: West African Folklore Tales* são exemplares da representação europeia das narrativas de outros povos. No artigo a seguir, escrito por Renato Nogueira, há também uma análise da obra *Histórias do Tio Karel* (*Outa Karel's Stories: South African Folk-Lore Tales*), feita a partir de textos compilados pela escritora sul-africana Sanni Metelerkamp e traduzida pelo projeto Literatura Livre.

Em razão disso, os *Contos folclóricos africanos*, volumes 1 e 2, apresentam textos vinculados à história da literatura africana a partir da perspectiva europeia. Dayrell, Bateman, Nassau e também Metelerkamp publicaram suas histórias no início do século 20, porém, elas são bem mais antigas, pois fazem parte da tradição oral de vários povos do continente africano.

Os registros feitos pelos europeus podem não ser completos, mas certamente demonstram todo o vigor da cultura presente no continente africano, a qual, mesmo sob o olhar do colonizador, consegue guardar peculiaridades e estilos muito próprios.

TRADUZIDOS PARA O LITERATURA LIVRE
POR Gabriel Naldi

Os lugares de fala

Renato Noguera

Antes de tudo, é preciso fazer ressalvas. Convido quem lê a imaginar um suposto cenário, no qual três homens do continente africano escrevem um livro intitulado *Contos folclóricos europeus*. Imagine como essa situação seria recebida. Isso invalida *Histórias do tio Karel* e os dois volumes de *Contos folclóricos africanos*? Sobre as autorias, na primeira obra, encontramos Sanni Metelerkamp (1867-1945), uma mulher branca de ascendência britânica. No caso dos contos africanos, temos Elphinstone Dayrell (1869-1917), homem branco britânico que viveu na Nigéria; George Bateman (1850-1940), homem branco britânico; e Robert Hamill Nassau (1835-1921), branco estadunidense. Os quatro são brancos e têm muito em comum: ascendência, família, visões sociais e políticas inevitavelmente enredadas pela lógica da colonização. É importante evitar uma esquiva recorrente quando o assunto diz respeito às literaturas africanas escritas por pessoas brancas europeias ou eurodescendentes. Sua análise deve necessariamente passar pelos processos de colonização, o que poderia criar dificuldades de um acesso mais consistente aos textos mencionados.

Metelerkamp, Dayrell, Bateman e Hamill Nassau apresentam um tipo de comportamento muito recorrente no contexto da colonização:

pessoas brancas que buscavam traduzir culturas africanas para o mundo branco europeu. Como já foi dito, isso não é motivo para inviabilizar o trabalho. Mas é uma oportunidade para problematizar os motivos da pouca visibilidade para trabalhos semelhantes feitos por pessoas negras africanas. Ou, ainda, como mencionado no início, o fato de não termos textos zulus falando do folclore britânico, por exemplo. Ora, esses fatores não tornam os livros desinteressantes ou inviabilizam que pessoas brancas europeias e eurodescendentes narrem, através de suas óticas, perspectivas culturais africanas. Porém, é importante ressaltar que existe um lugar de fala colonial.

Antes que pareça confuso e até mesmo moralista, "lugar de fala" não é um impedimento de que alguns digam suas opiniões a respeito de determinados assuntos. O que está em jogo não é apenas falar. "O falar não se restringe ao ato de emitir palavras, mas de poder existir. Pensamos lugar de fala como refutar a historiografia tradicional e a hierarquização de saberes consequente da hierarquia social" (RIBEIRO, 2017). Lugar de fala diz respeito, portanto, ao direito de existir. De acordo com Djamila Ribeiro, o lugar de fala é uma postura ética. No campo das humanidades, o lugar de fala informa a necessidade de registrar de onde partimos, as maneiras como as experiências foram construídas e de que forma estamos envolvidos com esses processos. Portanto, não se trata de silenciar alguns sobre determinados assuntos, mas de que tudo precisa ser contextualizado.

Em *Histórias do tio Karel*, encontramos uma passagem que ajuda bastante na compreensão da discursividade colonial:

> Embora a origem do povo san esteja perdida na antiguidade, é de conhecimento histórico que eles foram conquistados por tribos nômades conhecidas como cói. Os membros dessas tribos, após matarem seus inimigos homens, tomavam as mulheres dos conquistados e as faziam

suas esposas. Por isso, é muito raro encontrar um san com ascendência pura, mesmo nos locais onde esse povo ainda resiste.

Não era possível dizer que tio Karel era um espécime perfeito de sua raça original, pois, embora se intitulasse um san puro, tinha fortes traços dos cói, sendo sua compleição a característica mais notável (METELERKAMP, 2019).

O que esse trecho revela? A autora está dizendo que a autodenominação do tio Karel está errada. Ora, imagine uma mulher da etnia san dizendo que um homem branco autointitulado inglês está errado porque, na verdade, sua compleição física é irlandesa afrancesada, e sua ascendência também tem algo dos sobreviventes dos antigos troianos, porque nasceu numa parte da Inglaterra que abrigou soldados desertores do Rei Carlos VII da França no século XV, descendentes dos troianos que fugiram da derrota para os gregos no século XII a.C. Nós conseguimos imaginar isso? Pois bem, essa é uma questão que não exatamente difama o texto, mas é sua moldura, faz parte de seu percurso e precisa ser destacada para que possamos fazer uma incursão literária honesta.

Os contos populares africanos passam por esse fenômeno do processo de colonização. Não adianta esconder, pois o que pode parecer um mero preâmbulo está efetivamente enraizado em todo o texto por detalhes supostamente imperceptíveis. O olhar estrangeiro de quem pretende saber mais do que os nativos sobre as suas próprias histórias é um projeto político, cultural, estético, religioso e econômico. Ora, isso está para além da denúncia, não é uma leitura moral ou purista. Porém, é um motivo para se adentrar às obras buscando os rastros e as raízes das vozes que foram abafadas parcialmente por olhares coloniais, mesmo que inicialmente bem-intencionados. Mas são olhos que julgam a partir dos seus próprios pontos de vista. É como se ouvissem as histórias do tio Karel, assim como de outras tias e tios sem nome, e conversassem entre si enquanto as aventuras estavam sendo narradas. Daí, ouviram e aprenderam várias coisas, mas certas nuances podem ter passado despercebidas. Ainda assim, não custa repetir: os *Contos folclóricos africanos* e as *Histórias de tio Karel* deixaram seus recados.

Lugares de fala, África e Literatura

O fardo do homem branco, de Rudyard Kipling,[1] 1894 (poema publicado em 1898)

> Tomai o fardo do Homem Branco –
> Envia teus melhores filhos
> Vão, condenem seus filhos ao exílio
> Para servirem aos seus cativos;
> Para esperar, com arreios
> Com agitadores e selváticos
> Seus cativos, servos obstinados,
> Metade demônio, metade criança.
>
> Tomai o fardo do Homem Branco –
> Continua pacientemente
> Encubra-se o terror ameaçador
> E veja o espetáculo do orgulho;
> Pela fala suave e simples
> Explicando centenas de vezes
> Procura outro lucro
> E outro ganho do trabalho.

---

1 Rudyard Kipling (1865-1936), escritor e poeta britânico, Nobel de Literatura de 1907. Kipling nasceu na Índia britânica do século XIX e cresceu embalado por histórias de empregados indianos que trabalhavam para sua família. *O livro da selva* (1894) é sua obra mais popular, onde encontramos os contos de Mowgli, um menino criado pelos lobos na floresta.

Tomai o fardo do Homem Branco –
As guerras selvagens pela paz –
Encha a boca dos Famintos,
E proclama, das doenças, o cessar;
E quando seu objetivo estiver perto
(O fim que todos procuram)
Olha a indolência e loucura pagã
Levando sua esperança ao chão.

Tomai o fardo do Homem Branco –
Sem a mão-de-ferro dos reis,
Mas, sim, servir e limpar –
A história dos comuns.
As portas que não deves entrar
As estradas que não deves passar
Vá, construa-as com a sua vida
E marque-as com a sua morte.

Tomai o fardo do homem branco –
E colha sua antiga recompensa –
A culpa de que farias melhor
O ódio daqueles que você guarda
O grito dos reféns que você ouve
(Ah, devagar!) em direção à luz:
"Porque nos trouxeste da servidão
Nossa amada noite no Egito?"

Tomai o fardo do Homem Branco –
Vós, não tenteis impedir
Não clamem alto pela Liberdade

Para esconderem sua fadiga

Porque tudo que desejem ou sussurrem,

Porque serão levados ou farão,

Os povos silenciosos e calados

Seu Deus e tu, medirão.

Tomai o fardo do Homem Branco!

Acabaram-se seus dias de criança

O louro suave e ofertado

O louvor fácil e glorioso

Venha agora, procura sua virilidade

Através de todos os anos ingratos,

Frios, afiados com a sabedoria amada

O julgamento de sua nobreza.

O *fardo branco*, de Rudyard Kipling, ajuda a organizar as perspectivas de Elphinstone Dayrell, George W. Bateman, Robert Hamill Nassau e Sanni Metelerkamp. Não podemos perder de vista que é dentro dessa atmosfera histórico-cultural e política que esses escritores se encontram. Por isso, é importante tê-lo aqui como uma espécie de prefácio. Sem isso, corremos o risco de ler de modo descontextualizado, criando idealizações essencialistas e puristas que reforçariam o racismo colonial. É preciso descolonizar o texto para que a leitura não mascare lugares de fala com a fantasia de uma universalidade imparcial. Afirmar que existem lugares de fala não cala ninguém, apenas situa a todos: a dignidade intelectual, artística, cultural e política de pôr cartas na mesa. As pessoas que escreveram estavam em papéis de colonizadoras e isso não invalida o texto. No entanto, precisamos saber disso até para encontrar regiões em que as narrativas africanas rompem os enquadramentos da colonização. Afinal, a força e o vigor das histórias permanecem em cada aventura.

Histórias do tio Karel e *Contos folclóricos africanos* (volumes 1 e 2) são três obras interessantes, instigantes e que apresentam universos desconhecidos do mundo ocidental. Nos três livros encontramos uma série de histórias curtas. Não existe apenas um eixo étnico-cultural que articule todas — o que tem bastante relação com a realidade nacional. A ascendência africana da população negra no Brasil é múltipla no que diz respeito às etnias. Contudo, sempre podemos invocar noções que proclamem a unidade nesse oceano de diversidade. Um conceito usado pelo filósofo camaronês Achille Mbembe é bastante pertinente: *itinerância*. O horizonte cultural das histórias está vinculado ao processo radical de deslocamento.

A história cultural do continente praticamente não pode ser compreendida fora do paradigma da itinerância, da mobilidade e do deslocamento.

> Aliás, é essa cultura da mobilidade que a colonização procura, em sua época, fixar através da instituição moderna da fronteira. Rememorar essa história da itinerância e das mobilidades é a mesma coisa que falar das misturas, dos amálgamas, das superposições. Contra os fundamentalistas do "costume" e da "autoctonia" (MBEMBE, 2015).

Não se trata de qualquer "itinerância", mas de uma itinerância afropolitana. Os textos precisam ser lidos sob essa perspectiva. Como Mbembe nos convoca a pensar, ler as culturas africanas sob uma ótica padronizada implica que "os costumes e as tradições que eles reivindicam foram frequentemente inventados não pelos próprios indígenas, mas na verdade pelos missionários e pelos colonos" (MBEMBE, 2015). Uma maneira de ler essas obras está no afropolitanismo, a itinerância que reúne as diversas culturas africanas, vozes e interlocuções presentes nos três livros precisa ser invocada afropolitanamente.[2]

---

2   O conceito de decolonialidade se refere à dissolução de todas as estruturas de dominação e exploração configuradas pelo colonialismo.

O afropolitanismo é uma estilística, uma estética e uma certa poética do mundo. É uma maneira de ser no mundo que recusa, por princípio, toda forma de identidade vitimizadora, o que não significa que ela não tenha consciência das injustiças e da violência que a lei do mundo infringiu a esse continente e a seus habitantes (*Idem*).

Se precisamos recepcionar essas três obras reconhecendo que sua produção está no cruzamento de todos esses acontecimentos, é porque se torna inevitável reconhecer que o caminho está fora das idealizações fáceis e de um certo romantismo muito presente nesses casos. Ora, *Tio Karel* e os *Contos Folclóricos Africanos* precisam ser antirromânticos. A itinerância não combina bem com um horizonte idealizado. Podemos encontrar vários elementos nos contos africanos que escapam às interferências coloniais do lugar de fala branco e europeu que se enxerga como universal. A itinerância se dá por um tipo de jornada dinâmica em que a fixação sedentária não se estabelece. Mesmo quando querem dizer algo que tio Karel não disse, percebemos que o seu tom de voz resiste. Ele se nomeia um san, mas faz sentido alguém dizer que não é?

Com esses lugares de fala considerados, podemos ler e encontrar caminhos interessantes através das histórias. "Quem é o ladrão?" (*Histórias de tio Karel*), "'A morte começa com uma só pessoa': um provérbio" (*Contos africanos*, v. 1) e "Os gaviões e os corvos" (*Contos africanos*, v. 2) são alguns exemplos. Nessas três narrativas, a vida é dinâmica, e as coisas mudam de um instante para o outro. As personagens não têm controle de todas as circunstâncias. Os acontecimentos não obedecem necessariamente a uma lógica que premia os bons e pune quem faz coisas ruins. Nós não encontramos uma teleologia organizada em prol de "mocinhos", como é o caso de "Quem é o ladrão?", mas também encontramos narrativas em que o destino de um ser é compartilhado por outros, tal como "'A morte começa com uma só pessoa': um provérbio. Em "Os gaviões e os corvos", a instabilidade do poder fica apresentada.

A instabilidade da vida está em jogo, as coisas se modificam, os sentimentos mudam, assim como as posições de mando e obediência. Nós percebemos que o clichê do "final feliz" não está presente. O porto de chegada fixo não é estrutura da narrativa. O que conta o tempo todo é o processo. De acordo com dados compilados por instituições brasileiras, estadunidenses e europeias, o Brasil foi o destino da maioria das pessoas africanas escravizadas entre os séculos XVI e XIX.[3] Num determinado sentido, o que constitui a identidade brasileira está na força de cosmovisões africanas, entendidas no Brasil como cultura negra, que se instalaram aqui e foram reeditadas e reinventadas. Como explica o historiador Joel Rufino dos Santos ao definir a cultura negra no cenário brasileiro, "nossa diferença; e patrimônio afro-brasileiro o conjunto de bens físicos e simbólicos que nos individualiza, digamos, diante dos argentinos" (RUFINO, 1997).

Cabe, portanto, uma interrogação: qual é a importância histórica e cultural da literatura africana? Pois bem, estando de acordo com Rufino dos Santos, o Brasil só é "Brasil" como o entendemos por conta da cultura negra e, considerando o caráter colonial de boa parte da produção literária feita por pessoas brancas que tentaram "traduzir" o conteúdo da oralidade negra. Qual é o risco disso tudo?

> E o risco que assumimos aqui é o do ato de falar com todas as implicações. Exatamente porque temos sidos falados, infantilizados (*infans* é aquele que não tem fala própria, é a criança que se fala na terceira pessoa, porque falada pelos adultos) que neste trabalho assumimos nossa própria fala (GONZALEZ, 1984).

---

3   Segundo o *site* www.slavevoyages.org, que contém o banco de dados do tráfico transatlântico de escravos africanos, 5.848.266 escravizados desembarcaram no Brasil entre 1500 e 1875.

Tio Karel deve ser desinfantilizado, e os *Contos folclóricos africanos* devem ser lidos e experimentados numa perspectiva africana. A radicalidade de um trabalho como esse está justamente no fato de que a leitura é a primeira parte, mas ainda será necessário conversar a respeito, ler novamente e, a partir disso, reler o mundo que nos cerca e perceber que a realidade brasileira está profundamente enredada, constituída por universos africanos pulsantes, e as tias Anastácias e tios Barnabés, tal como o tio Karel, estão com a palavra. Os lugares de fala estão revelados. Por isso, cabe, nessas leituras, um esforço necessário de ouvir suas vozes sem a mediação de quem coloniza. Daí, mesmo intermediado por um olhar colonial, cabe o exercício de encontrar as vozes africanas. Não se trata de ler e interpretar com o cânone ocidental, mas é preciso ler com o coração africanizado. Isso é o que há de fantástico. Os lugares de fala precisam estar revelados, nitidamente expostos. *Contos africanos* volumes 1 e 2 e *Histórias do tio Karel* são convites, tal como na aventura do "Tambor mágico" tocado pela Rã que faz todos os animais dançarem. No caso, deve-se ler dentro da atmosfera canônica da cultura negra brasileira, sem separar a cabeça do coração.

Referências

DAYRELL, Elphinstone; BATEMAN, George W.; NASSAU, Robert Hamill. *Contos africanos*, v. 1. Trad. Gabriel Naldi. São Paulo: Instituto Mojo, 2019.

DAYRELL, Elphinstone; BATEMAN, George W.; NASSAU, Robert Hamill. *Contos africanos*, v. 2. Trad. Gabriel Naldi. São Paulo: Instituto Mojo, 2019.

GONZALEZ, Lélia. Racismo e sexismo na cultura brasileira. *Revista Ciências Sociais Hoje*, Anpocs, 1984, p. 223-244.

KIPLING, Rudyard. The White Man's Burden: The United States and the Philippine Islands. *McClure's Magazine,* Trad. Eloisa Pires, 1898.

MBEMBE, Achille. Afropolitanismo. *Áskesis*, v. 4, n. 2. Trad. Cleber Daniel Lambert da Silva, jul./dez., 2015.

METELERKAMP, Sanni. *Histórias do tio Karel*. Trad. Gabriel Naldi. São Paulo: Instituto Mojo, 2019.

RIBEIRO, Djamila. *O que é lugar de fala?* Belo Horizonte: Letramento, 2017.

SANTOS, Joel Rufino. Culturas negras, civilização brasileira. *Revista do Patrimônio Histórico e Artístico Nacional*, Rio de Janeiro, Iphan/MinC, p. 4-9, 1997.

SLAVE VOYAGES. *Tráfico transatlântico de escravos*. Disponível em: https://www.slavevoyages.org/assessment/estimates. Acesso em: 15 jun. 2021.

Grazia Deledda, no início do século passado, atingiu tamanha grandeza na literatura europeia que, em 1926, recebeu o Prêmio Nobel de Literatura por sua obra. Apesar de Deledda ser tão importante para a literatura italiana quanto seus contemporâneos Gabriele D'Annuzio e Luigi Pirandello, são poucas as traduções de sua obra no Brasil.

A tradução feita de *Contos sardos* (*Racconti sardi*) pelo projeto Literatura Livre, lançado pelo Sesc São Paulo, ajuda a levar aos leitores brasileiros o trabalho dessa importantíssima escritora. Suas histórias retratam a vida dos habitantes da Sardenha, região onde Deledda nasceu e recebeu apenas quatro anos de ensino formal. Sua conquista do Nobel deu grande espaço para uma literatura voltada para assuntos universais como injustiça, desespero, amor proibido, traição e ciúmes.

A literatura de Deledda apresenta a vida em seu estado bruto, mesmo quando suas histórias contêm lendas e superstições. Em meios a inúmeras crenças e mitologias, os personagens de Deledda enfrentam problemas profundamente reais como fome e pobreza.

TRADUZIDO PARA O LITERATURA LIVRE
POR Adriana Zoudine

As vozes e os silêncios de uma ilha

Luciana Cammarota

A leitura dos *Contos sardos* nos faz refletir, em primeiro lugar, sobre o fascínio e as contradições da ilha da Sardenha. Destino de milhares de turistas, atraídos pelas praias de águas límpidas e belas paisagens, possui uma superfície de 24.009 km² e é a terceira maior região italiana em extensão territorial. Por suas peculiaridades linguísticas, culturais e históricas, é considerada uma região de estatuto especial, o que lhe confere formas e condições de autonomia administrativa. Faz parte da macrorregião econômica chamada *Mezzogiorno*, que inclui a ilha da Sicília e toda a Itália meridional.

É também a terra natal de um famoso intelectual italiano: Antonio Gramsci. Marxista, sua obra teve muita influência entre a esquerda latino-americana. Além disso, destacou-se por sua reflexão sobre a chamada Questão Meridional, ou seja, o estudo das diferenças culturais e econômicas entre o Norte e o Sul da Itália, que ainda são bastante visíveis nos dias de hoje. Logo após a Unificação, em 1861, esses contrastes tornaram-se mais evidentes, e inúmeros pensadores dedicaram-se à análise das causas e de uma possível solução para a miséria de uma população que ficou à margem do processo de desenvolvimento econômico, observado principalmente nas regiões setentrionais. Segundo Gramsci, ao longo de vários séculos, enquanto o poder político do Norte esteve baseado nas *comuni*, ou seja, em cidades autônomas, o Sul foi governado por sucessivos reinos: dos suábios, dos Anjous, dos espanhóis e dos Bourbons. Com a unificação, todas essas diferenças vieram à tona, e as consequências foram imediatas: migração do capital do *Mezzogiorno* para o Norte, onde seria empregado na indústria que começava a se desenvolver; e migração dos habitantes para outros países em busca de trabalho. O Brasil, por exemplo, recebeu cerca de 1,2 milhão de imigrantes italianos entre 1876 e 1920, dos quais aproximadamente 500 mil eram provenientes de regiões meridionais (os números mais expressivos eram da Campânia, seguida da Calábria, Basilicata, Sicília, Puglia e Sardenha). Antonio Gramsci não foi o único a dedicar-se a esses temas. Os lucanos Giustino Fortunato e Francesco Saverio Nitti e o pugliese Gaetano Salvemini estão entre os pensadores que estudaram as origens das diferenças entre Norte e Sul com base em outras abordagens ideológicas.

Além de minha ascendência lucana pelo lado paterno, um fato importante que me fez olhar com interesse para a Questão Meridional foi a leitura da obra verista do siciliano Giovanni Verga, em 2008, quando cursava o terceiro ano da graduação em Letras na Universidade de São Paulo. Suas novelas e o romance *Os Malavoglia* nos revelam, com precisão quase científica, personagens fortemente influenciadas pelo ambiente geográfico e socioeconômico em que estão inseridas. A partir de então, decidi me aprofundar no estudo das contradições do *Mezzogiorno*, uma região com rica tradição cultural e, ao mesmo tempo, vítima de injustiças históricas. Isso é fundamental para perceber que, apesar do que nos mostram o cinema e os noticiários, o Sul da Itália não se limita à pobreza, ao crime organizado e à corrupção.

A compreensão de todas essas questões também passa pelo estudo do verismo e de sua origem, relacionada ao naturalismo narrativo, movimento literário iniciado na França, em meados do século XIX, e no qual se destaca Émile Zola. Uma das principais características dessa corrente era a utilização das premissas da ciência positivista na elaboração de romances.

Na mesma época, essas novas tendências também se faziam sentir na Itália. Já por volta de 1860, o termo "verismo" começou a ser usado para designar uma literatura que se aproximava do "verdadeiro". Enquanto na França os escritores focalizavam o cotidiano de miséria dos trabalhadores urbanos, na Itália os principais narradores do verismo se concentravam na vida rural.

Durante o século XIX, os centros culturais mais ativos da Itália eram Florença, cujo cenário era caracterizado por um "realismo moderado", e Milão, a cidade que estava assumindo o papel preponderante do ponto de vista econômico e editorial. Já no Sul do país, as condições eram bem diferentes: enquanto as peculiaridades da Sicília estimulavam uma narrativa verista tradicional, nas demais regiões desenvolvia-se uma narrativa menos rigorosa, dedicada a observar a realidade local sob uma ótica original. Não por acaso, são os sicilianos Giovanni Verga e Luigi Capuana os nomes mais conhecidos do verismo na Itália. Além destes, o verismo contava com representantes em outras regiões italianas: Grazia Deledda, na Sardenha; Matilde Serao, na Campânia; Nicola Misasi, na Calábria; Fucini, Pratesi e Lorenzini, na Toscana; e Cagna, Giacosi, De Marchi e De Amicis, no Piemonte. A pesquisadora Christine Farrugia destaca que, no século XIX, as regiões conservavam ainda maiores diversidades, e, como o verismo possuía fortes "caracterizações regionais", consequentemente os autores desenvolviam temas diferentes.

A questão da língua também era muito importante para os *veristi*. O dialeto possuía um papel essencial na narrativa, pois transmitia a objetividade e o realismo almejados pelos autores.

Ao terminar a graduação, em 2011, aceitei a sugestão de meu orientador Maurício Santana Dias de traduzir para meu mestrado uma importante obra verista: *Il ventre di Napoli*, de Matilde Serao. Embora exista um grande interesse pela língua e pela cultura italiana no Brasil, em virtude da forte presença de seus imigrantes e descendentes, me surpreendi ao iniciar minha pesquisa, pois descobri que havia poucas obras da autora traduzidas para o português.

A trajetória da vida de Serao foi particularmente interessante e está relacionada à própria história da Itália. Nasceu em 1856 na Ilha de Patras, na Grécia, onde seu pai, favorável à unificação da Itália, havia se refugiado. Entretanto, após a proclamação do Reino da Itália, em 1861, retornou com sua família a Nápoles, onde passaria praticamente toda a sua vida e viria a falecer em 1927. Em 1892, Serao fundou, ao lado de seu marido Edoardo Scarfoglio, o periódico *Il Mattino*, tornando-se a primeira mulher a dirigir um jornal na Itália. A obra *O ventre de Nápoles* possui uma estrutura peculiar e pode ser considerada híbrida, pois combina reportagem, análise sociológica e crônica de costumes. Christine Farrugia, também estudiosa de sua obra, afirma que Serao posicionou-se contra o fascismo, e isso a teria impedido de ganhar o Prêmio Nobel de Literatura, para o qual foi indicada quatro vezes.

Foi com grande entusiasmo que recebi o convite para escrever sobre outra notável escritora italiana: Grazia Deledda, a primeira italiana e a segunda mulher na história a vencer um Prêmio Nobel de Literatura, em 1926. Antes dela, apenas a escritora sueca Selma Lagerlöf havia recebido o prêmio, em 1909.

Nascida em Nuoro, em 1871, Grazia era a quinta dos sete filhos de uma família de boas condições financeiras. O pai era um bem-sucedido empresário e comerciante que chegou a ser prefeito de Nuoro em 1863. Como podemos supor, para se firmar como escritora e escapar de uma existência de dedicação exclusiva ao lar e à família, foram muitos os desafios enfrentados por Grazia em uma sociedade fortemente patriarcal — parte desse drama pessoal é narrado no romance autobiográfico

Cosima, publicado em 1937, após sua morte. Em 1899, mudou-se para Cagliari, onde conheceu Palmiro Madesani, com quem se casaria no ano seguinte. Escreveu romances, poesias e óperas teatrais, além de colaborar com inúmeros jornais e revistas italianos. Faleceu em 1936, em Roma, em decorrência de um câncer de mama.

Nas palavras da Fundação Nobel, o prêmio lhe foi concedido "por seus escritos idealisticamente inspirados que descrevem com delicada clareza a vida em sua ilha natal e tratam com profundidade e compaixão dos problemas humanos".

De fato, Deledda soube como ninguém mostrar a Sardenha que, durante toda sua história, foi palco de intensas trocas culturais entre diversos povos. Os *nuraghi*, impressionantes monumentos que podem ser vistos até hoje na paisagem da região, são os primeiros vestígios de seus habitantes, que começaram a povoá-la no século XV a.C. A civilização nuráguica tinha como principais atividades econômicas a agricultura, a criação de animais e o comércio com diversos povos da Antiguidade, como os micênicos, os minoicos e os etruscos, atravessando todo o Mediterrâneo, da Espanha ao Líbano. Posteriormente, também deixaram suas marcas romanos, vândalos, godos e muçulmanos do norte da África.. Essa diversidade étnica e cultural está evidente nos personagens de *Contos sardos*: Simona, do conto "De noite", é descrita como "jovem e bela, de uma estranha beleza árabe que se encontra em muitas mulheres sardas e que recorda os sarracenos dominadores e devastadores da ilha nos séculos IX e X"; Manzèla, do conto "*In sartu* (no redil)" possui uma tonalidade de pele típica "das raças latinas fronteiriças à moura".

Publicada em 1894, *Contos sardos* é uma obra de sua juventude e oferece ao leitor um retrato daquela que é, nas palavras de Deledda, uma "terra de lendas, de histórias pungentes e sobrenaturais, de aventuras inverossímeis".

Não é exagero usar a palavra "retrato", pois, muitas vezes, as descrições de cenas ou personagens podem ser comparadas a imagens criadas por pintores. Em "De noite", o fogo iluminava os rostos criando "matizes sanguíneos e fúnebres claro-escuros" em uma "cena digna de Caravaggio"; o velho Salvatore, o contador de histórias do conto "A dama branca", é descrito como um "estranho tipo de sardo, com uma cabeça de santo suave e branca digna de Perugino"; Manzèla, de "*In sartu* (no redil)", possuía uma face dourada "feito uma Nossa Senhora do século XV". O conto "Manchas", último do livro, merece atenção especial: ele difere dos demais pois não é uma narrativa, mas uma descrição detalhada de paisagens e de cenas cotidianas da Sardenha.

Conforme já foi dito anteriormente, Grazia Deledda fez parte do verismo e teve grande influência de Verga. Aproxima-se do escritor siciliano por colocar no centro de sua narrativa personagens até então ignorados pelos escritores: homens e mulheres de origem humilde, em sua maioria camponeses, às vezes atormentados por paixões violentas e constantemente lutando contra uma natureza hostil e contra o destino que lhes foi reservado pelas convenções sociais. Nos romances e novelas de Verga, a tragédia é quase sempre o desfecho de seus personagens. Neste ponto, Deledda distingue-se dele, pois escolhe outro caminho para mostrar a realidade da sua Sardenha. Em sua narrativa, as convenções familiares persistem e têm forte influência nas escolhas do indivíduo. Entretanto, se em Verga não havia salvação para seus personagens, cujos vícios e virtudes eram o resultado do ambiente em que haviam nascido, Deledda nos mostra que, mesmo em meio a privações, o ser humano não está preso a seu destino e possui o livre-arbítrio, como nos prova o final em "De noite". Os personagens, descritos como "corações endurecidos por uma vida áspera e árdua", podem mudar frente ao inesperado, diante de fatos inexplicáveis que podem ser entendidos como a mão de Deus ou a magia. Até mesmo a tradição de lavar com sangue a desonra de uma família pode ser rompida.

Em relação à questão das crenças populares na magia, encontramos três contos que tratam especificamente desse tema: "O mago", "Mais magia" e "A dama branca". O antropólogo Ernesto de Martino nos ajuda a entender melhor a presença do misticismo na obra de Grazia Deledda e outros autores considerados veristas, como Matilde Serao. Em seu ensaio *Sud e Magia*, publicado em 1959, ele nos mostra como as condições históricas fizeram surgir no Sul da Itália um tipo de religiosidade extremamente peculiar, na qual a tradição cristã se sincretiza com superstições populares e ritos pagãos. Segundo o autor, a falta de perspectivas e a dificuldade de afrontar eventos negativos de forma racional deram origem às crenças no poder curativo e protetivo de pessoas ou amuletos.

Também é importante ressaltar que, embora as obras de Deledda sejam identificadas com o verismo, não são poucos os autores que apontam características de aproximação com o decadentismo de Gabriele D'Annunzio. O crítico literário Vittorio Spinazzola destaca que suas melhores narrativas tratam da crise da existência, resultante do "fim da unidade cultural do século XIX e sua crença no progresso histórico, na ciência e nas garantias jurídicas colocadas a favor das liberdades civis". O último dos *Contos sardos,* intitulado "Manchas", deixa clara essa semelhança com o estilo de D'Annunzio, por suas descrições minuciosas e ricas dos personagens, das paisagens e da vida cotidiana.

A influência da literatura russa, sobretudo de Liev Tolstói, também é fundamental em seu estilo, o que se observa no livre-arbítrio de seus personagens para realizar tanto o bem como o mal.

Entretanto, creio que seja muito mais adequada a colocação de Andréia Guerini, que afirma ser "problemática a aplicação mecânica de certos rótulos" em uma obra que inclui "os temas do amor, morte, religião, somados a lugares, figuras e paisagens".

Como ocorreu quando comecei minha pesquisa sobre Matilde Serao, fiquei igualmente surpresa ao descobrir que, apesar da indiscutível importância de Grazia Deledda, poucas de suas obras foram traduzidas para o português. Por esse motivo, a tradução de *Contos sardos* por Adriana Zoudine para o projeto Literatura Livre vem preencher uma importante lacuna para o leitor brasileiro.

É necessário também destacar alguns aspectos acerca dos desafios apresentados pela tradução de uma obra ambientada em um local e período específicos. A incidência de termos culturalmente marcados é bastante grande e, diante disso, o tradutor tem, *grosso modo*, duas opções: a "domesticação", optando por uma tradução que privilegie o seu objetivo, ou seja, o texto de chegada, visando aproximar o público leitor contemporâneo ao texto; ou o "estranhamento", uma tradução que mantenha as características do texto de partida. Como afirma Umberto Eco, "o tradutor não deve apenas conhecer a língua, mas também a história e a topografia de cada cidade".

O caminho escolhido na tradução de *Contos sardos* foi o da aproximação ao leitor. Isso está evidente na escolha pelo título entre parênteses do conto *"In sartu* (no redil)" e pelas notas de rodapé, que detalham sobre personagens históricos, explicam as opções de tradução e informam sobre as localidades citadas no texto.

Outra questão que merece destaque é a origem da língua sarda e sua importância para a identidade cultural da ilha. Assim como o italiano, o sardo é uma língua neolatina, derivada do latim falado pelos romanos que conquistaram a ilha no século III a.C. Durante a Idade Média, ela foi dominada pelos vândalos e pelos bizantinos, mas esse fato não teve forte influência sobre a constituição da língua que, segundo os estudiosos, permaneceu muito próxima ao latim apesar de sua evolução. Nos séculos seguintes, o léxico do sardo foi modificado pelas sucessivas dominações às quais a ilha esteve sujeita, mas, em 1861, com a unificação ao Reino da Itália, o italiano tornou-se a língua oficial. Na década de 1970, diante da possibilidade de abandono do sardo, surgiram diversos movimentos com o objetivo de divulgá-lo e salvaguardá-lo. O conto "A dama branca" apresenta um trecho em língua sarda, traduzido para o italiano pela autora em uma nota de rodapé.

Concluo meu texto desejando que o leitor se sinta fascinado pela leitura de *Contos sardos* e saiba ouvir as vozes singulares da Sardenha, representadas pelo barulho do mar e pela sonoridade de seu dialeto, e saiba também reconhecer os seus silêncios, que escondem lendas, mistérios e histórias sobrenaturais.

Referências

ARMELLINI, G.; COLOMBO, A. *La letteratura italiana*. v. 6 e 7. Bologna: Zanichelli, 1999.

BÁRBERI SQUAROTTI, G. *Storia della civiltà letteraria italiana*. Torino: Unione Tipografica Torinese, 1990.

DE MARTINO, Ernesto. *Sud e Magia*. Milão: Einaudi, 1982.

ECO, Umberto. *Dire quasi la stessa cosa*: esperienze di traduzione. Roma: Bompiani, 2003.

FARRUGIA, Christine. *La narrativa verista di Matilde Serao*. 2005. Dissertação (Mestrado) – Universidade de Malta, 2005.

GUERINI, Andrea. A autoficção de Grazia Deledda. *Rev. Estud. Fem.*, Florianópolis, v. 14, n. 2, 2006. Disponível em: https://doi.org/10.1590/S0104-026X2006000200015. Acesso em: 6 jun. 2021.

SARDEGNA CULTURA. *Storia della lingua*. Disponível em: https://www.sardegnacultura.it/linguasarda/storia/. Acesso em: 11 jun. 2021.

SPINAZZOLA, Vittorio. Introduzione. Em: DELEDDA, Grazia. *La madre*. Milão: Mondadori, 1980.

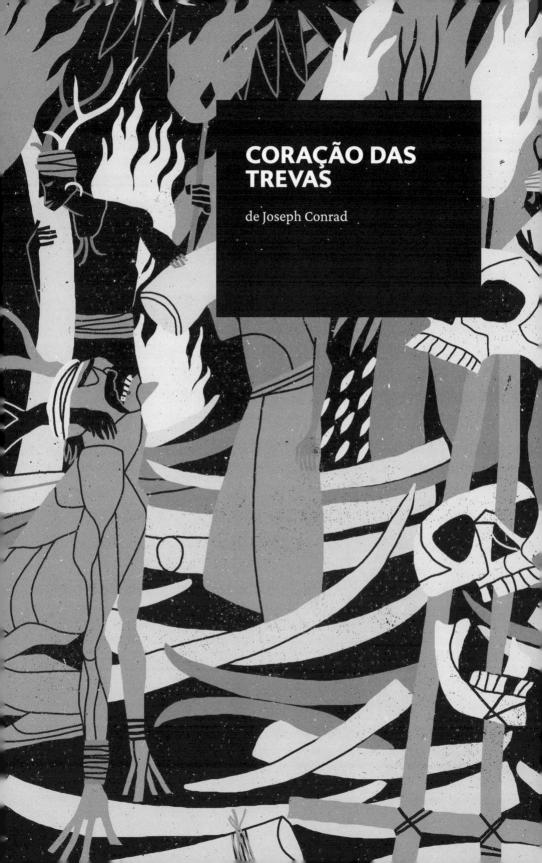

A mais conhecida obra de Joseph Conrad é também um retrato dos desmandos do imperialismo europeu na África. Filho do escritor, dramaturgo, tradutor e ativista político Apollo Korzeniowski, Conrad possivelmente teve seu primeiro contato com a literatura de Dickens e Shakespeare através das traduções feitas pelo pai. A mãe de Conrad, Ewa Bobrowska, também uma ativista política, morreu quando ele tinha 7 anos. O pai, faleceu quando ele tinha 11. Aos 17 anos, o órfão Conrad embarcou na marinha mercante em Marselha, na França. Foi durante seus muitos anos de trabalho nessa área que ele entrou em contato com as situações que posteriormente acabariam ressurgindo em sua obra literária. Conrad presenciou as contradições das forças europeias, que afirmavam levar a civilização para o continente africano, porém, utilizavam para isso métodos bárbaros. Essa contradição é um dos pilares da obra de Conrad e uma das marcas mais distintivas do processo de colonização.

Coração das trevas mostra o "civilizador" europeu se transformando em uma espécie de demônio que atua em nome dos interesses dos impérios colonizadores. São sujeitos que degeneram ao receber poder sobre a vida dos habitantes do continente africano e ao buscar exclusivamente o lucro produzido pelo comércio de marfim.

O inegável poder metafórico do texto de Conrad, além da forma como a narrativa é construída com frases tomadas pela indiferença e o desprezo frente às mais terríveis situações, torna *Coração das Trevas* um livro profundamente atual.

TRADUZIDO PARA O LITERATURA LIVRE
POR Ricardo Giassetti

O horror, o horror
(da civilização e da barbárie)

Ricardo Giassetti

Ao longo dos últimos 120 anos, a novela de Joseph Conrad passou por diversos estágios de reconhecimento acadêmico e popular. De obra secundária no cânone do autor a uma das mais celebradas narrativas do século XX, *Coração das trevas* foi um conto lapidado ao longo dos anos, escrito e reescrito por Conrad até sua versão final. É verdade que talvez seja autobiográfica, uma vez que Conrad esteve no Congo ainda jovem e manteve um diário de 67 dias sobre suas tarefas e observações cotidianas. É também verdade que as análises críticas dessa narrativa desde os anos 1950 forçam visões subliminares sobre seu real significado antropológico, político e social — que acusam Conrad de apoiar o imperialismo, o racismo e até o sexismo. Mas também pode ser verdade que a história não tenha maiores pretensões do que reunir as ideias do autor, suas experiências pessoais e o *zeitgeist* vitoriano da realidade sóciopolítica europeia. Por último, também é verdade que diversas nuances que entendemos hoje como alicerces de sua narrativa sequer teriam sustentação na época de sua escrita.

Coração das trevas parece versar sobre o descobrimento pessoal do narrador ou do protagonista Charlie Marlow — de si mesmo e dos ambientes que o cercava — diante do encontro com uma realidade imaginada e, então, vivenciada. Além dessa moldura, obviamente podemos atrelar razões e motivos para justificar algo muito maior e pungente, algo de crítico ao *status quo* da época — tanto contra como a favor da ideologia imperialista dominante na Europa do final do século XIX. Conrad era um estrangeiro nas terras da Coroa Britânica, mas também era branco, poliglota e de certa maneira conformado (para não dizer feliz) com sua posição de pai de família e autor consagrado. Também era abertamente alinhado ao conservadorismo. Ao mesmo tempo, carregava hereditariamente uma posição política contra as monarquias, movimento que representava a emergência de uma nova classe social do último quarto do século vigente: os trabalhadores assalariados da Revolução Industrial.

Na definição da própria Enciclopédia Britânica: *Coração das trevas* examina os horrores do colonialismo ocidental, descrevendo-o como um fenômeno que macula não apenas as terras e os povos que explora, mas também aqueles no Ocidente que o promovem.

O tema, portanto, se parece com o uróboro, uma serpente em um ciclo eterno de contrastes polarizados: a civilização e a barbárie, a luz e as trevas, o homem e a natureza, a sociedade matriarcal e a sociedade patriarcal. O desejo infantil de Marlow em conhecer aquela parte do mundo ainda "em branco" no mapa é o que dispara a narrativa. Estando lá, no coração da África, o caráter de Marlow amadurece forçosamente e este encara a realidade crua que, a distâncias continentais, parece exótica, mágica e promissora. A realidade é outra: o calor úmido é palpável, as dimensões são imensas, os exploradores não são heroicos e os habitantes locais, vilipendiados, procuram preservar suas tradições e seu modo de vida frente às violências dos colonizadores.

> Quando jovem, eu tinha uma paixão por mapas. [...] Naquele tempo
> ainda havia muitos espaços em branco sobre a terra e quando via algum

que me parecia especialmente convidativo (embora todos pareçam ser), colocava meu dedo sobre ele e dizia: 'Quando eu crescer, irei até lá'. [...] Mas ainda há um, o maior e mais vazio, por assim dizer, que sempre atiçou minha curiosidade. É verdade que agora não é mais tão vazio. Foi preenchido desde a minha juventude com rios, lagos e nomes. Não é mais um espaço vazio de belos mistérios, um retalho em branco sobre o qual um menino pode depositar seus sonhos de glória. Agora se tornou um lugar de trevas. [...] havia nele um determinado rio, um rio imenso desenhado no mapa, que me lembrava uma gigantesca cobra com sua cabeça pousada no mar e seu corpo sinuoso adentrando o vasto território. Sua cauda se perdia nas profundezas do continente.

Então, o homem diante na natureza é nada além de um instante, um inseto insignificante, mas tenaz:

Árvores, árvores, milhões de árvores, enormes, imensas, até o alto. Aos seus pés, abraçando a margem contra a correnteza, rastejava o pequeno vapor, sujo de fuligem, negro como um frágil besouro atravessando a soleira de um imenso portal. Aquilo nos fazia sentir insignificantes, completamente perdidos e ainda assim aquele sentimento não era totalmente depressivo. Afinal, mesmo pequeno, o besourinho enegrecido continuava a rastejar — o que é exatamente o que se espera que ele faça.

E, em um lugar como aquele, com pessoas como aquelas — nativos e estrangeiros —, o resultado é uma distorção ética, social, moral e comercial evidente:

Sim, duas galinhas pretas. Fresleven, esse era seu nome, um dinamarquês, achou que tinha sido passado para trás na negociação. Então ele desembarcou e surrou o chefe da aldeia com um cajado. Ah, não fiquei surpreso ao ouvir aquilo e, ao mesmo tempo, que Fresleven era o bípede mais gentil e tranquilo que conheciam. Certeza que era, mas já fazia uns anos que estava envolvido na nobre causa e talvez precisasse finalmente afirmar seu próprio valor. Ele bateu no velho negro sem piedade diante de uma multidão atônita, até que alguém, que disseram ser o filho do chefe, desesperado com os gritos do idoso, estocou o branco com sua lança. Ela perfurou facilmente seu ombro. Amedrontados, os nativos fugiram para a floresta, esperando todo tipo de desgraça. Ao mesmo tempo, o vapor que Fresleven comandava também fugiu em pânico, talvez agora comandado pelo maquinista. Ninguém pareceu dar muita importância aos restos mortais de Fresleven até eu chegar e tomar seu posto. Mas eu não me esqueceria daquilo. Quando tive a oportunidade de me encontrar com meu antecessor, o mato crescia entre suas costelas, tão alto que já cobria seus ossos. Estavam todos ali. O ser sobrenatural não havia sido tocado depois de caído. A aldeia estava abandonada, suas cabanas escuras e deterioradas rodeadas de cercas caídas.

A disputa por duas galinhas resulta em mortes e no abandono de toda uma aldeia. Mais: o homem de pele clara que comanda máquinas barulhentas (barcaças), objetos de poder (buzinas e sirenes) e o fogo mortal (armas) permanece intocado pelos locais, que certamente temem as consequências, ou como um descarte inútil para outros estrangeiros que ali estão em razão da exploração e não em respeito à vida.

A transição da África como um espaço em branco no mapa para um continente de trevas nasceu exatamente na segunda metade do século XIX, quando os métodos escravagistas europeus assumiram outra forma de opressão, talvez ainda mais cruel: "Não foram os escravagistas que colonizaram e subjugaram a África, mas os libertadores europeus."

Conrad talvez tenha meramente registrado seu parecer quanto às atividades colonialistas na África em busca de uma história a ser publicada na antologia de William Blackwood, sem se preocupar com o veredito futuro de críticos como Chinua Achebe ou Nina Pelikan Straus. Cavoucou suas memórias em busca de algo que valesse ser contado, juntou aqui e ali suas lembranças de imigrante, explorador, aventureiro e marujo para criar sua obra-prima.

Não há dúvida de que a inspiração para o personagem do Diretor da Companhia foi George Fountaine Weare Hope (1854-1930), um dos mais antigos amigos ingleses de Conrad. Hope possuía um pequeno iate chamado *Nellie* e convidou Conrad para um cruzeiro no estuário do Tamisa, no verão de 1889, com outros dois amigos, o contador W. B. Keen e o advogado E. G. Mears:

> Organizei um cruzeiro no *Nellie* para Joseph Conrad, recém-chegado da Austrália [...]. Na época ele esperava seu passaporte para a Rússia para visitar seu tio. Como não tinha nada para fazer naqueles dias, o convidei para passar alguns dias comigo e assim conhecer o meu barco [...] com dois outros amigos meus. Achei que seria uma boa oportunidade para apresentar Conrad a Keen e Mears. [...]
> Conrad então contou uma história (que eu já ouvira antes) de quando ele era um jovem com cerca de dezoito anos e se juntou a um grupo de quatro homens — um inglês, um americano, um espanhol, em uma pequena embarcação de latão contrabandeando armas para o partido de Dom Carlos, quando os espanhóis tentavam fazer uma revolução (HOPE, 2004, p. 111-114).

O primeiro parágrafo do livro revela a inspiração não somente do barco, mas também da profissão dos tripulantes e sua relação com o mar:

> A *Nellie*, uma escuna de cruzeiro, ondulou impávida, presa à âncora sem o menor tremor nas velas. A maré já estava cheia, o vento era quase nada e,

apontada rio abaixo, a única coisa que lhe restava era esperar a vazante. [...] O Diretor da Companhia era nosso capitão e anfitrião. [...] O Advogado — o melhor entre os antigos companheiros — tinha direito, pelo acúmulo de tantos anos e virtudes, ao único estofado do convés e estava deitado sobre o único tapete da embarcação. O Contador trouxe consigo uma caixa de dominós e brincava de engenheiro com as peças de ossos.

Distâncias geográficas e cronológicas

Uma das principais questões relacionadas aos trabalhos em domínio público é o grande hiato temporal desde a sua criação. O volume de novas informações gerado a partir do século XX — verdadeiras revoluções sociais, étnicas, tecnológicas etc. — criou facetas de interpretação em diversos assuntos, colocando em xeque o trabalho de autores como Monteiro Lobato, Mark Twain e, neste caso, o próprio Conrad. Confunde-se uma ideologia praticada em determinado *zeitgeist*, e escritores são condenados pelo que eram como pessoas e pelo modo como a sociedade da época construiu seus caracteres. De maneira alguma há aqui qualquer defesa ao seu racismo e sexismo, óbvios em suas obras, mas, sim, um chamado a analisar e contextualizar esses homens brancos em suas profissões e condutas sociais. Assim como na Idade Média europeia o ateísmo não encontrava lugar para existir, os feudos perduraram por quase mil anos sem sequer uma nesga de lucidez, subjugados a uma violenta imposição religiosa e a uma opressão de castas; o mesmo acontecia com a sociedade vitoriana, que flanava sobre o tapete mágico do Império Britânico enquanto incontáveis colônias eram esmagadas, incineradas e violentadas sem que a camada social elitizada de Londres e dos grandes centros se importasse os horrores que geravam sua riqueza e bem-estar. Por mais cultos e ativistas que fossem, eram ignorantes à realidade nos rincões — ou, em muitos casos, devidamente doutrinados, como Rudyard Kipling e

H. Rider Haggard. Gene M. Moore analisa o antológico artigo de Achebe do ponto de vista cronológico:

> Achebe aparentemente não sabe que as palavras *racista* e *racismo* ainda não existiam durante a vida de Conrad; os primeiros usos registrados no *Oxford English Dictionary* datam da década de 1930, e mesmo seu predecessor, o termo *racialismo*, era desconhecido antes de 1907. Sem dúvida, o racismo com qualquer outro nome não é menos ofensivo, mas talvez não seja totalmente estranho que Conrad reclamasse da "mais vil disputa por pilhagem que já desfigurou a história da consciência humana", sem se referir a um preconceito que ainda não tinha nome nem em inglês e nem em francês. Obviamente que o valor do trabalho de Achebe não depende de tais detalhes; ao tomar Conrad como um símbolo da "melhor" literatura que o Ocidente pode oferecer sobre o assunto da África, Achebe levantou questões vitais que vão muito além dos estudos de Conrad para envolver a teoria pós-colonial e cultural de forma mais geral (MOORE, 2004, p. 7).

Em "Heart of Darkness Revisited: The African Response", o também africano Rino Zhuwarara comenta sobre o trabalho de Conrad no contexto da ficção de aventura eduardiana e aprecia suas ironias e estratégias narrativas que "quase salvam" a história de Conrad de se tornar "um romance político da escola de Rider Haggard de propaganda imperialista". Ele destaca aspectos da narrativa que confundiriam leitores africanos e elogia a resistência de Conrad ao imperialismo, mas, no entanto, o considera culpado de "uma dependência excessiva e preguiçosa de metáforas e estereótipos usados para justificar a mutilação física e espiritual de não brancos".

Em certas passagens, Conrad nos indica que, se há luz e trevas, branco e preto, isso é nada mais do que uma conjetura. As primeiras páginas de *Coração das trevas* apresentam uma Londres negra, triste e decadente — inclusive moralmente, como se vê depois. A comparação Londres-Congo é inaugurada com a comparação Roma-Londinium, quando o Tâmisa de dois mil anos antes era o próprio rio Congo de 1890:

> Estava pensando nos tempos antigos, da primeira vez em que os romanos chegaram aqui [...]. As trevas estavam aqui ainda ontem. O mar cor de chumbo, o céu cor de fumaça, um barco que parecia uma sanfona... subia este rio com suprimentos, encomendas e sei lá o que mais. Bancos de areia, brejos, florestas, selvagens... quase nada digerível para um homem civilizado além da água do Tâmisa para beber. Nada de vinho falerno nem possibilidade de atracar. Aqui e ali um acampamento militar perdido na vastidão, como uma agulha num palheiro... frio, neblina, tempestades, doenças, saudades e morte. Sim, morte à espreita no ar, na água, na mata. Eles devem ter morrido aos montes aqui.

Assim, o uróboro se multiplica em si mesmo. A ideia de que *Coração das trevas* ou Joseph Conrad tenham responsabilidades raciais parece mais tênue quando se nota as parcas observações de Marlow sobre os negros. Assim, Conrad talvez não tivesse repertório ou interesse para falar sobre questões étnicas, e *Coração das trevas* passe ao largo dessa seara.

Em suas primeiras páginas, Londres aparece mergulhada em uma escuridão completa, pontilhada por lampejos de civilização no horizonte ao longe. A escuridão está e continua lá, há dois mil anos, esperando pacientemente aquelas luzinhas humanas se apagarem. Londres, naquele momento, imitava o hedonismo da Roma Antiga, com uma aristocracia que vivia da opulência fornecida pelas centenas de províncias, de Constantinopla a Portugal.

O autor, seu personagem e o contexto

Joseph Conrad nasceu Józef Teodor Konrad Korzeniowski, na parte polonesa governada pela Rússia, em 1857. Foi marinheiro por cerca de 15 anos, chegando ao posto de mestre no serviço mercantil britânico. Os restos do único barco a vela que ele comandou, o *Otago,* continuam expostos em Hobart: uma carcaça enferrujada e semissubmersa nas margens do rio Derwent, na Austrália. Doente de febre e desencantado com seus colegas e superiores, ele quebrou o contrato com a empresa depois de apenas seis meses e voltou a Londres no início de 1891. Três anos e dois navios depois, Conrad se aposentou da vida no mar e embarcou na carreira de escritor, publicando o romance no qual vinha trabalhando desde antes de visitar o Congo, *Almayer's Folly,* em 1895. Um segundo romance, *An Outcast of the Islands,* veio em seguida, acompanhado de várias outras histórias. A segunda carreira de Conrad fervilhava quando ele finalmente começou a transformar sua experiência no Congo em ficção, em 1898.

A ideia de que africanos e europeus têm mais em comum do que gostariam de admitir é recorrente mais tarde, quando Marlow descreve a observação de cerimônias tribais às margens do rio. Confrontado com os aldeões locais "pisoteando" e "balançando", com seus "olhos revirados", ele é abalado por um sentimento de "parentesco remoto com este tumulto selvagem e apaixonado".

Enquanto a maioria dos leitores contemporâneos se alegrará com o ceticismo de Marlow sobre o projeto de império, esta imagem dos congoleses é mais problemática. "Subir aquele rio", diz Marlow, "foi como viajar de volta aos primórdios do mundo". Ou seja, o autor vê as figuras dançantes como resquícios do "homem pré-histórico". Da mesma forma, o comandante romano, em seu trirreme cheio de legionários vindos do Mediterrâneo, talvez tenha tido uma impressão parecida quando subiu um rio misterioso em uma Bretanha que ainda era apenas uma *terra incognita* em seus mapas.

Coração das trevas sugere que os europeus não são essencialmente mais evoluídos ou iluminados do que as pessoas cujos territórios eles invadem. Nessa medida, a obra invalida um dos mitos da teoria da raça imperialista. Contudo, como argumentou o crítico Patrick Brantlinger, também retrata os aldeões congoleses como a personificação do primitivismo, habitantes de uma terra esquecida pelo tempo.

Kurtz é apresentado como prova desse "parentesco" entre os europeus "iluminados" e os "selvagens" que eles supostamente civilizaram. Kurtz certa vez escreveu um "relatório" idealista para uma organização chamada Sociedade Internacional para a Supressão de Costumes Selvagens. Quando Marlow encontra esse manuscrito entre os papéis de Kurtz, no entanto, nota um adendo rabiscado às pressas: "Exterminar todos os brutos!". O Kurtz que Marlow finalmente encontra no final do romance foi consumido pelos mesmos "instintos esquecidos e brutais" que pretendia suprimir. Mas, então, a quem exatamente Kurtz se refere quando, após concluir seu relatório, rabisca sua última observação ("os brutos") — senão aos brancos que o perseguiriam por suas responsabilidades de extração do marfim, perturbando assim seu novo reino entre os congoleses na mata? Talvez esse último relato de Kurtz seja a própria novela psicológica de Conrad, confusa e ilegível. Mas uma análise mais direta dessa frase também se mostra corretíssima, com nota especial à recente veiculação de um trabalho audiovisual documental do diretor Raoul Peck pela HBO. *Exterminate All the Brutes* teve sua première no dia 7 de abril de 2021 e é baseado mais diretamente no livro homônimo de Sven Lindqvst, um livro-diário que descreve em detalhes o extermínio sistemático dos nativos das Américas e da África pelos povos europeus.

Em certo sentido, Kurtz incorpora a Europa, canalizando as ansiedades da virada do século sobre a mídia e a política de massa. Uma das qualidades que definem Kurtz no romance é sua "eloquência": Marlow se refere a ele repetidamente como "Uma voz!", e seu relatório sobre os Costumes Selvagens é escrito em um estilo retórico e pomposo — ecoando a forma como o próprio Conrad escreve —, com poucos detalhes práticos e muitas abstrações. Marlow nunca descobre a verdadeira profissão de

Kurtz, mas tem a impressão de que tinha alguma ligação com a imprensa, que talvez fosse um "jornalista que sabia pintar" ou um "pintor que escrevia para jornais".

O personagem esquecido, mas certamente central à trama, é o Gerente, que incorpora a empresa que ele próprio representa no Congo. Sua principal preocupação é preservar seu cargo — que ele incorretamente supõe ser a ambição de Kurtz. O Gerente é mentiroso e criador de intrigas, sabota o conserto do barco a vapor de Marlow para evitar que os suprimentos cheguem até Kurtz. Nem Marlow nem Kurtz acreditam em suas demonstrações de preocupação com a saúde do último. Quando ele diz a Kurtz que veio salvá-lo, este responde: "Salvar o marfim, você quer dizer", e quando Kurtz morre, Marlow sai do cômodo e sente os olhos do Gerente sobre ele, ansioso para saber da morte de seu rival. De acordo com Marlow, o Gerente "inspira inquietação" e usa sua capacidade para obter de Marlow informações sobre Kurtz e suas atividades. É um homem desprezível, gestor de um poder que poderia tornar a empresa uma operação idônea, mas que se recusa a fazê-lo por medo de que isso impeça o escoamento de marfim que sai da África. Marlow faz uma análise do Gerente em sua primeira reunião ao chegar ao posto, e evidencia sua "ambiguidade corporativa" e sua existência e aparência nada especiais. Seu maior atributo era sua resiliência ao ambiente e somente por isso conquistara seu cargo:

> Ele não me convidou para sentar mesmo depois de eu ter caminhado mais de trinta quilômetros pela manhã. [...] um mero relance daquele olhar poderia recair sobre a vítima com a força de um machado. Ele era um comerciante comum, trabalhando por lá desde a juventude e nada mais. Era obedecido, embora não despertasse carinho, medo ou respeito. Ele despertava incômodo. É isso! Desconforto. Não uma desconfiança, apenas incômodo e nada mais. Vocês não têm ideia de como essa... essa

habilidade pode ser eficaz. Ele não tinha o dom da organização, nem a iniciativa, nem mesmo era capaz de mandar organizarem. Isso ficava muito evidente pelo estado deplorável da estação, entre outras coisas. Ele não era culto ou inteligente. Como ele havia chegado a essa função? E por quê? Talvez porque nunca ficasse doente. Já havia cumprido três contratos de três anos ali. Uma saúde invencível é uma espécie de poder quando o resto é insuficiente. [...] Talvez porque não houvesse nada dentro dele. [...] 'Os homens que vêm para cá não podem ter tripas'.

É possível sugerir e até afirmar que o Gerente seja peça essencial da derrocada de Kurtz, pois ele próprio é parcialmente responsável por seu isolamento; e também pelo atraso de semanas na entrega dos rebites necessários para consertar o vapor para Marlow — há fortes indícios de que a própria avaria no barco tenha sido causada propositalmente por ele. Kurtz certamente tomaria o lugar do Gerente em breve: esse é um dos motivos de Marlow ter sido enviado em seu resgate.

Homens como o Gerente são quem pavimentam a via do "progresso civilizatório", constantes e tenazes como a barcaça ou o besouro, vazios, comuns e incríveis como os melhores comerciantes devem ser. "O horror, o horror" deve significar então mais do que somente o horror da realidade na qual Kurtz foi jogado e na qual ele se afundou e enlouqueceu. Inteligente e resoluto como é, Kurtz parece ter percorrido dois caminhos e chegado ao mesmo lugar: como um agente imperialista — civilizado e munido de todo o conhecimento (um artista, um escritor?) —, superou-se em sua função e tornou-se o melhor coletor de marfim da Companhia; ao mesmo tempo, ao se moldar ao estilo de vida nativo, ao ponto de se tornar cacique, entendeu que a condição humana primal é igualmente desesperadora. O horror vive dentro de nós. Ser humano é conviver com a desgraça, a infelicidade, a barbárie crônica, o horror, o horror.

Referências

ACHEBE, Chinua. An Image of Africa. *Massachusetts Review*, v. 17, n. 4, 1977.

BRANTLINGER, Patrick. Ictorians and Africans: The Genealogy of the Myth of the Dark Continent. *Critical Inquiry*, Chicago, v. 12, n. 1, 1985.

BRITANNICA. *Heart of Darkness*. Disponível em: https://www.britannica.com/topic/Heart-of-Darkness. Acesso em: 15 jun. 2021.

CONRAD, Joseph. *Almayer's Folly*. Cambridge: Cambridge University Press, 1994.

CONRAD, Joseph. *An Outcast of the Islands*. London: Penguin Books, 1990.

CONRAD, Joseph. The Heart of Darkness. *Blackwood's Edinburgh Magazine*, Edinburgh, n. 165, 1899.

DAVIS, David Brion. *Slavery and Human Progress*. Nova York: Oxford University Press, 1984.

HOPE, G. F. W. Joseph Conrad's First Cruise in the Nellie. *The Conradian*, Harry Ransom Humanities Research Center, University of Texas at Austin, v. 25, n. 2, p. 42-52, 2000.

LINDQVIST, Sven. *"Exterminate All the Brutes": One Man's Odyssey into the Heart of Darkness and the Origins of European Genocide*. Nova York: New Press, 2007.

MOORE, Gene M (org.). *Joseph Conrad's Heart of Darkness – A Casebook*. Nova York: Oxford University Press, Inc., 2004.

NAJDER, Zdzislaw; CONRAD, Joseph. *Congo Diary and Other Uncollected Pieces*. Nova York: Garden City, 1978.

STRAUS, Nina Pelikan. The Exclusion of the Intended from Secret Sharing in Conrad's Heart of Darkness. *Novel: A Forum on Fiction*, Durham, v. 20, n. 2, p. 1-400, dez. 1987.

ZHUWARARA, Rino. Heart of Darkness Revisited: The African Response. *Kunapipi*, Sidney, v. 16, n. 3, 1994.

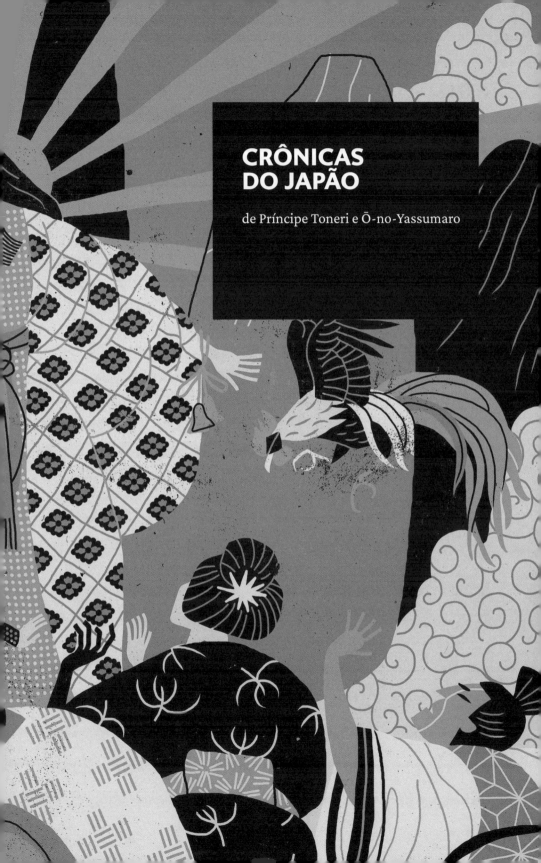

Obra fundadora da literatura japonesa, *Crônicas do Japão* (*Nihonshoki*) reúne mitos e lendas de profunda importância para o pensamento xintoísta. Esse livro clássico também serviu de base para os primeiros poetas japoneses, os quais produziram obras sobre algumas das figuras míticas presentes no texto. *Crônicas do Japão* é também um esforço para legitimar o poder constituído no Japão do século VIII, pois oferece uma narrativa sobre as origens daquela civilização e vincula o imperador japonês aos deuses presentes na obra, o que inegavelmente ajudou a fortalecer o regime imperial naquele país. Essa representação literária do mito de fundação do Japão oferece uma cronologia que vai desde a criação do mundo até a época da compilação da obra. Após *Nihonshoki*, o poder real no Japão passou ter, por escrito, uma conexão com os alicerces mitológicos da nação.

Concluído em 720, *Crônicas do Japão* é considerado, atualmente, além de um dos pilares da construção do Japão imperial e de seu inegável valor literário, uma reunião de documentos políticos produzidos com o desígnio último de atrelar o poder do imperador à fundação mítica e cultural do país e do povo japonês. Sua tradução para o português é uma conquista dos leitores brasileiros.

TRADUZIDO PARA O LITERATURA LIVRE

POR **Lica Hashimoto**

Mitologia japonesa: histórias ancestrais no mundo contemporâneo

Lica Hashimoto

É uma tarde ensolarada do **dia 28 de abril de 1908**. São exatamente 15 horas.

Dá-se início à solenidade de despedida desta que seria a primeira de muitas outras viagens de emigrantes japoneses de regiões distintas e ofícios variados, com destino ao Brasil. A bordo do *Kasato-maru*, 781 emigrantes contratados e doze voluntários, em sua maioria jovens, além de 91 tripulantes, estão reunidos no convés, em suas melhores vestimentas japonesas ou trajando, pela primeira vez, uma roupa ocidental. Eles entoam o hino nacional:

> *Que sejam vossos dez mil anos de reinado feliz*
>
> *governai, meu senhor, até que os que agora são seixos*
>
> *transformem-se, unidos, pelas idades, em rochedos poderosos*
>
> *cujos laços veneráveis o musgo cobre*[1]

---

1 *Kimiga yo wa* (5) / *chiyoni tachiyoni* (7) / *sazare ishino* (5) / *iwa o to narite* (7) / *koke no musumade* (7). Adotado oficialmente em 1888, o Hino Nacional do Japão é um poema *tanka* composto de 31 sílabas em versos de 5-7-5-7-7. De autoria desconhecida, o poema original integra a *Coletânea de Poemas Antigos e Modernos* (*Kokinwakashū*, X) e a *Antologia de Poemas Japoneses e Chineses* (*Wakan rōēnshū*, XI) em que se substituiu o primeiro verso *waga kimi wa* (pronome pessoal "você") para *kimiga yo wa* (pronome de tratamento específico para se referir ao Imperador).

Estamos no porto de Kōbe, Japão. Autoridades discursam — Alcino dos Santos Silva, cônsul geral do Brasil em Yokohama; Ryō Mizuno, diretor presidente da Companhia de Emigração Imperial; Shūhei Uetsuka, coordenador da viagem ao Brasil — e, finalmente, o deputado Gondai Doi, membro do partido Rikken Seiyū da província de Kōbe e representante da Companhia de Emigração Imperial. O deputado finaliza seu discurso enfatizando a seguinte mensagem:

> Mesmo habitando em terras estrangeiras, nunca se esqueçam de ser um japonês exemplar. Que nenhum de vocês desonre a nossa pátria. Vão, e enquanto não obtiverem sucesso não voltem, mesmo que isso represente a própria morte. Este é o espírito. (CORREIA, 2008, p. 63).

No contexto histórico do período Meiji (1867-1912), a mensagem "nunca se esqueçam de ser um japonês exemplar" evocava o espírito japonês numa alusão à bravura, à integridade, à lealdade incondicional e irrestrita ao Imperador, ao patriotismo e à austeridade dos samurais de outrora. O discurso ressaltava a importância de consolidar a imagem positiva do povo japonês em terras estrangeiras, pelo receio velado dos dirigentes da política migratória do governo japonês diante dos obstáculos impostos pela opinião pública, pela imprensa e pelos órgãos governamentais brasileiros, que representavam o interesse de alguns setores da economia agrária contrários à migração oriental.

A propaganda divulgada pelo governo japonês enfatiza a possibilidade de ganhos em curto período e o café era descrito como a árvore dos frutos de ouro.

No convés, a solenidade prossegue. O monge Tomojiro Ibaragui (1886-1971), da Hon'mon butsuryū-shū[2], profere o sutra Lótus *Namu'myō'hōren-guekyô*, mantra que prega a felicidade plena aqui e agora:

---

2 Religião Budista do Caminho Primordial do Sutra Lótus, estabelecida pelo Buda Primordial, conhecido no Brasil como Budismo Primordial HBS.

Para eliminar o carma negativo

que acumulei desde um passado remoto

a partir da presente existência

até atingir o estado de Buda

devotar-me-ei à Imagem Sagrada

à Doutrina e à Oração Sagrada

causa, essência e semente da iluminação

transmitida pelo Jyōgyō Bossatsu.[3]

Namu myou houren guekyou,

Namu myou houren guekyou

Namu myou houren guekyou. (CORREIA, 2008, p. 75).

Após a solenidade, o navio parte do porto de Kobe rumo ao Brasil. O jornal de Kōbe publica a manchete:

Da enorme chaminé amarela do *Kasato-maru*, o ébano da fumaça intensifica-se gradativamente enquanto uma banda de música toca canções de encorajamento. Pequenos barcos acompanham o navio até a saída da enseada cantando a tradicional música de despedida *O brilho dos vagalumes.*

Rokurō Kōyama (1886-1976), assistente do coordenador de viagem Shūhei Uetsuka, registra em *História dos 40 anos da imigração* que:

Em meio ao clima eufórico que tomava conta do navio, um rapaz solteiro da província de Fukushima, isolado dos demais, estava absorto em pensamentos com o corpo apoiado no mastro do convés, olhando a imensidão do oceano. Sob o céu ensolarado, uma garotinha da província de Kagoshima alegremente borboleteava no convés, correndo de um lado

---

3   Jyōgyō Bossatsu refere-se ao monge Nichiren (1222-1282). A data de partida do *Kasato-maru*, coincidentemente, era a data de aniversário do mantra sagrado, transmitido pela primeira vez pelo monge Nichiren em 28 de abril de 1253.

para outro, por entre as rodas de adultos, embalada pela brisa marítima. (KÔYAMA, 1947, p. 54).

Como tantos outros migrantes de outras nacionalidades que singravam os mares, todos traziam consigo a esperança de melhores condições de vida.

Histórias ancestrais

O Brasil possui a maior população japonesa fora do Japão — cerca de 1,5 milhão de pessoas — e, no Japão, temos a terceira maior comunidade de brasileiros vivendo fora do Brasil, com cerca de 200 mil indivíduos.

A história da imigração japonesa para o Brasil (que comemorou 113 anos em 18 de junho de 202) insere-se no contexto das grandes migrações internacionais ocorridas ao longo dos séculos XIX e XX. Um ciclo que começou em 1908 com a chegada do *Kasato-maru* no porto de Santos e seguiu até o fim da década de 1970, com um ápice migratório no período de 1928-1932, um decréscimo com a introdução do regime de cotas em 1935 — que restringiu a entrada para 2.711 pessoas por ano — e uma breve interrupção durante os anos de 1941 a 1952, em virtude da Segunda Guerra Mundial (1939-1945). É uma história contada por um conjunto de narrativas singulares, em sua grande maioria protagonizadas por anônimos. São relatos de ritmo e tom próprios, contados no intervalo de um cafezinho, durante uma refeição, nas reuniões familiares, festas... ou quando um ouvinte, curioso por conhecer as suas origens, absorve atentamente cada pérola de narrativa, guardada na concha da memória de um parente idoso. São histórias com muitos refrões, pois a memória, muitas vezes, insiste em enfatizar certas passagens e experiências de vida para dar sentido à narrativa. Quando somos jovens costumamos entender tais refrões como uma mera repetição e não raro criticamos: "de novo essa mesma história!".

Sou neta de japoneses. Meus avós paternos são da província de Yamaguchi e os maternos de Nagano. Dentre as lembranças que guardo de minha infância, uma é especial, do tempo em que eu morava com os meus avós maternos que adotaram a minha mãe. No bairro em que eu cresci era comum ter apagões à noite e eu adorava quando isso acontecia. A sala era iluminada por velas e meu *odiitian* (avô) e eu costumávamos brincar de teatro de sombras. Quando enjoávamos da brincadeira, minha *obaatian* (avó) contava histórias do Japão como quem compartilhava um segredo. Isso me fazia sentir especial e, imediatamente, eu assumia o papel de aprendiz, ávida pelos segredos milenares das divindades japonesas. Normalmente, era a *obaatian* que começava a contar a história e o *odiitian* acrescentava um detalhe ou uma informação que dava um toque mágico, despertando uma gostosa sensação de que aquilo com certeza acontecera.

Juntos, viajávamos para o Japão de outrora. Um Japão que eles guardavam com muito respeito em suas memórias e em seus corações. Um Japão de onde partiram com a promessa de retornarem em cinco anos, promessa que não se cumpriu.

No imaginário do migrante, o mito do retorno sempre esteve ligado ao mito da fortuna ou do enriquecimento rápido e, para a grande maioria, este sonho individual precisou ser ressignificado várias e várias vezes ao longo de suas vidas. Lembro-me de uma imagem que me deixou sem ação: ver a *obaatian* chorar ao escutar o hino nacional japonês. Eu nunca a tinha visto chorar. Hoje, eu saberia o que fazer. Daria um abraço afetuoso e aguardaria, em respeitoso silêncio, que se amenizassem a dor e a saudade pelos entes queridos dos quais perdera contato desde o período da guerra.

Naquelas noites à luz de vela eles costumavam contar as histórias eletrizantes de divindades, semideuses, heróis e homens enfrentando monstros, ogros e espíritos malignos. As histórias ganhavam vida e lá estava eu torcendo para que o Deus-do-Mar-e-das-Tormentas Sussanoo destruísse a serpente gigante de oito cabeças ou criasse juízo e parasse de azucrinar a sua irmã Deusa-do-Sol-Amaterassu. Também fiquei deveras preocupada quando O Céu e a Terra mergulharam na mais completa escuridão e a distinção dia-e-noite deixou de existir. Tudo isso porque a Deusa-do-Sol ficou muito brava e se escondeu na Gruta-Sagrada e, para se isolar de tudo, bloqueou a entrada com uma pedra gigante.

Bem mais tarde, quando ingressei no curso de Letras/Japonês, conheci duas obras da literatura japonesa clássica — *Relatos de fatos antigos (Kojiki,* 712)[4] e *Crônicas do Japão (Nihonshoki,* 720). Para minha surpresa, havia encontrado as fontes das histórias que meus avós contavam com tanta dedicação e carinho. O tempo novamente passou e o convite para traduzir *Crônicas do Japão* foi um presente que aceitei prontamente. Foram meses dedicados à tradução e à pesquisa. Algumas histórias tinham o poder de me transportar para aquela saudosa sala de estar e rememorar as imagens e as vozes dos meus avós. Sinto-me honrada pela oportunidade de compartilhar com os leitores brasileiros as histórias ancestrais trazidas pelos imigrantes japoneses para o Brasil em suas bagagens afetivas.

Para traduzir os tomos I e II das *Crônicas do Japão,* originalmente escrito em chinês clássico, utilizei a edição do *Nihonshoki,* volume 2, da Coleção de Literatura Japonesa Clássica publicado pela editora Dai-Nihon Insatsu de Tóquio, publicada em 2006. Esta edição contempla o texto original em chinês clássico, a tradução para a língua japonesa clássica e para a língua japonesa moderna, com notas explicativas e referências bibliográficas, organizados pelos pesquisadores Noriyuki Kojima, Susumu Kuranaka, Kôjirô Naoki e Kazutami Nishimiya, reconhecidos especialistas no tema.

---

4   A primeira fonte sobre a mitologia japonesa é o *Kojiki (Relatos de fatos antigos,* 712). No Brasil, foi publicada parcialmente com o título *A origem do Japão — mitologia da era dos deuses —* pela Cosac Naify e reeditada pela editora Sesi-SP em 2018.

Há de se ressaltar que as narrativas mitológicas que constam no *Relatos de fatos antigos* também fazem parte do *Crônicas do Japão*, tomos 1 e 2. As duas obras são consideradas fontes de estudos da história e do pensamento japonês da Antiguidade, por serem a primeira coletânea oficial e a segunda fonte mais importante sobre a mitologia do país.

Na introdução do *Crônicas do Japão* que integra o projeto Literatura Livre, idealizado pelo Instituto Mojo de Comunicação Intercultural em parceria com a Sesc São Paulo, comento que os dois primeiros tomos relatam a mitologia japonesa destacando a origem do mundo e dos deuses; e que sua estrutura narrativa é formada a partir de um texto-base (*hon'bun*) e vários textos complementares (*issho*). Os complementares começam sempre com o preâmbulo *aru fumini iwaki,* que significa "dizem também que" e são visualmente grafados com ligeiro recuo da margem, o que os distingue do texto-base.

O mito é uma narrativa ancestral que tem o poder de transcender o tempo e o espaço. Na cultura japonesa *pop* encontramos vários desdobramentos e interpretações sobre as grandes questões da vida e da morte.

Histórias ancestrais no mundo contemporâneo

A origem prototípica de grande parte dos heróis — guerreiros e vilões —, sejam personagens de mangá (histórias em quadrinhos), anime (desenho animado), videogame, *j-music* (música *pop* japonesa), filmes ou séries com efeitos especiais (*tokusatsu*) é baseada principalmente nas obras clássicas citadas anteriormente.

Os mitos fundadores do Japão se mantiveram presentes após a Restauração Meiji e mesmo após a revolução social e tecnológica que se seguiu à derrota japonesa na Segunda Guerra Mundial. Atualmente, duzentos títulos de mangás estão em circulação no Brasil. Quem foi criança ou adolescente nas décadas de 1960 e 1970 deve se lembrar dos heróis National Kid e Ultraman, que protegiam a Terra dos alienígenas;

e do monstro Godzilla, vítima dos efeitos nocivos das usinas nucleares, que aterrorizava Tóquio. Saudosismos à parte, em 29 de abril de 2021, 170 salas de cinema de São Paulo exibiram o filme *Godzilla x King Kong.* Godzilla está longe de se aposentar.

Ayrton Senna, nosso tricampeão de Fórmula 1, foi um entusiasmado fã do desenho animado *Speed Racer,* anime lançado no Brasil pela Rede Globo em 1969. *Speed Racer* foi adaptado do mangá *Mach Go Go Go*, criado por Tatsuo Yoshida (em japonês, *go* significa "cinco" e é também o nome do piloto, Go Mifune). O desenho conta as aventuras de um audaz piloto de 18 anos que, ao volante do Mach 5 — um carro cheio de truques, construído por seu pai — combate injustiças e sonha em ser o melhor corredor do mundo. As corridas eram em locais inusitados como selvas, desertos e até dentro de um vulcão. Em 2008, os irmãos Wachowski e o produtor Joel Silver, criadores da trilogia *Matrix,* dirigiram o filme baseado no herói japonês.

Nas décadas de 1970 e 80 foram lançados inúmeros animes que se tornariam clássicos da animação japonesa, entre eles *A princesa e o cavaleiro* (52 episódios) transmitido no Brasil pela TV Record, de 1973 a 1981. A história, cujo título original é *Ribon-no-kishi (O cavaleiro com laço no cabelo)*, possui elementos das mitologias grega, cristã, japonesa e da filosofia Yin e Yang. Os personagens criados por Osamu Tezuka tinham olhos grandes e expressivos, capazes de transmitir uma gama de emoções e sentimentos.[5]

Considerado o primeiro anime voltado para o público feminino juvenil *(shôjo)*, *A princesa e o cavaleiro* conta a história da princesa Safiri da Terra de Prata, que nasceu com dois corações — o de menino (azul) e o de menina (rosa) — por conta de uma travessura do anjinho Ching.

---

5   Tezuka é conhecido como o "pai do mangá moderno". No Japão, seus primeiros trabalhos de destaque foram *Tetsuwan Atom (Astro boy)*, 1951; *Jungle Taitei (Kimba, o leão branco)*, 1950; *Ribbon no Kishi (A Princesa e o Cavaleiro)*, 1953; entre outros.

Quando estavam no céu, Ching fez a menina engolir o coração azul e, como castigo, teve de descer à Terra como um simples mortal para pegar o coração de volta. A história se passa nos tempos medievais, nos quais a lei determina que somente homens podem assumir o trono. Ao nascer, Safiri é por engano anunciada como um menino. A farsa é mantida com o propósito de afastar a cobiça do Duque Duralumínio e de seu filho Plástico, parente mais próximo do Rei e o primeiro na linha de sucessão ao trono. Longe dos olhos do público, Safiri mantém sua feminilidade (o que não a impede de se tornar uma exímia espadachim), mas age secretamente como o Cavaleiro Vingador, combatendo as forças do mal. O anjinho Ching torna-se amigo e protetor de Safiri e respeita sua vontade de manter os dois corações — feminino e masculino.

Naquela época, eu gostava de brincar de princesa Safiri e fazia questão de me vestir como ela. Colocava chapéu (com laços), espada de plástico na cintura (comprada na feira de domingo do bairro),vestia shorts e blusa com manga bufante, meias-calças brancas e sapatilhas brancas de balé. Tinha até um cavalo feito de cabo de vassoura, com cabeça de cartolina e cadarços de tênis como rédeas. Atualmente há concursos e competições de *cosplay* (abreviação do inglês *costume* — fantasia — e *roleplay* — brincadeira, interpretação), um *hobby* sofisticado em que a pessoa se fantasia de personagens de animes, mangás e videogames, com riqueza de detalhes. No Brasil, tornou-se mania desde a década de 1990. Hoje, a minha versão de Safiri seria chamada de "cospobre", por ser uma fantasia barata, irmã sem recursos do *cosplay*.

Mas o importante é que, naquela época, eu me sentia uma verdadeira heroína com a missão de salvar minha jabuti das investidas do meu cachorro, que adorava morder minha canela e latir para a jabuti, fazendo-a esconder a cabeça. O casal de canários e os peixes kinguios eram entes que me protegiam do mal.

No meu imaginário, a princesa Safiri era como a Deusa-do-Sol-Ama-terassu, que não se intimidou quando teve de enfrentar o seu irmão Deus-do-Mar-e-das-Tormentas, um deus considerado malvado, atrevido, rude e grosseiro:

> A Deusa-do-Sol penteou os cabelos em estilo *mizura*, dividido ao meio e presos, enrolados para dentro, na altura das orelhas e, vestida de guer-reiro, enrolou um cordão de quinhentos enfeites sagrados de magatama[6] adornando os cabelos e os braços. Às costas carregava uma aljava onde cabiam mil flechas. Ao lado do quadril, outra aljava com mais quinhentas flechas. Ao avistar o irmão, ela segurou o cabo da catana e firmou forte-mente os pés na terra dura. Pisou tão forte que suas coxas afundavam como se andasse sobre a neve fina.

As histórias que ouvi dos meus avós passaram a fazer outro sentido. Entendi o que tentavam me ensinar através das divindades da criação, formadas por oito deuses nascidos em pares após a união do Yin e Yang: a força do masculino e do feminino. Assistindo *A princesa e o cavaleiro*, aprendi que temos duas energias que, juntas, potencializam nossa capa-cidade de enfrentar as adversidades com equilíbrio e discernimento. Foi um entendimento que adquiri com o tempo, pois, naquela época, minhas aventuras eram absolutamente infantis e isentas de interpretações mito-lógicas — eu só pensava em brincar de Safiri e salvar a minha tartaruga e os meus tornozelos das garras e mordidas do Bolinha.

A onda de animes que surgiu nos anos 1990 — *Cavaleiros do zodíaco, Sailor Moon, DragonBall, Naruto* etc. — não se distanciou das fontes e honrou seus predecessores. Em *Naruto* (2007) e *Dragon Ball Super* (2020), temos

---

6   *Magatama* são contas originalmente utilizadas como adornos em cerimônias sagra-das. É uma peça com o formato de uma vírgula, que também lembra o símbolo do Yin e do Yang. Eram feitos de materiais diversos como cristal, ágata e dentes de animais.

adaptações do Deus-do-Mar-e-das-Tormentas-Sussanoo, com histórias criativas e divertidas sobre o que realmente significa ter superpoderes.

A cultura *pop* japonesa se destaca no cenário atual com produções voltadas para crianças, tanto didáticas como de lazer, e para jovens e adultos, cada qual com suas características quanto ao conteúdo da história. Os temas variam bastante de acordo com o público-alvo, sendo possível encontrar cenários de fantasia medieval, contos de fadas, contemporâneos ou fantasias *cyberpunks* futurísticas.

As histórias ancestrais que povoaram minha infância continuam sendo contadas sob novas formas, novos desdobramentos e, toda vez que reconheço parte desse legado cultural, me vem à lembrança a imagem dos meus avós, à luz de velas, contando as histórias do passado milenar.

Referências

EMBAIXADA DO JAPÃO NO BRASIL. *Bandeira e Hino Nacional.*
Disponível em: www.br.emb-japan.go.jp. Acesso em: 29 ago. 2021.

CARLOS, Giovana Santana. Identidade(s) no consumo da cultura *pop* japonesa. *Lumina*, Juiz de Fora, v. 4, n. 2, p. 1-12, 2010. Disponível em: https://periodicos.ufjf.br/index.php/lumina/article/view/20931. Acesso em: 30 jun. 2021.

CORREIA, Kyohaku. *O que é primordial*: budismo 100 anos. São José dos Pinhais, SP: RMC, 2008.

FARIA, M. L. D. História e narrativa das animações nipônicas: algumas características dos animês. *Actas de Diseño*, Buenos Aires, v. 5, n. 1, p. 1-259, 2008. Disponível em: https://fido.palermo.edu/servicios_dyc/publicacionesdc/actas_de_diseno/detalle_publicacion.php?id_libro=1. Acesso em: 26 maio 2021.

GARCIA, Roosevelt. *A Princesa e o Cavaleiro*, um dos avós dos animes atuais. *Veja São Paulo*, 26 maio 2017. Disponível em: https://vejasp.abril.com.br/blog/memoria/a-princesa-e-o-cavaleiro-um-dos-avos-dos-animes-atuais/. Acesso em: 26 maio 2021.

GRAVETT, Paul. *Mangá — como o Japão reinventou os quadrinhos*. São Paulo: Conrad, 2006.

HASHIMOTO, Lica. As leituras da literatura oriental clássica no mundo atual: relatos de fatos antigos e a cultura *pop* japonesa. Em: CUNHA Maria Zilda da; MENNA, Lígia Regina Máximo Cavalari (orgs). *Narrativas e enigmas da arte: fios da memória, frestas e arredores da ficção*. Disponível em: http://www.livrosabertos.sibi.usp.br/portaldelivrosUSP/catalog/book/589. Acesso em: 26 maio 2021.

HASHIMOTO, Shirlei Lica Ichisato *As representações dos japoneses nos textos modernistas brasileiros: Mário de Andrade, Oswald de Andrade e Juó Bananére*. 362f. Tese (doutorado em Literatura Brasileira) – Departamento de Letras Clássicas e Vernáculas, Faculdade de Filosofia, Letras e Ciências Humanas, Universidade de São Paulo, São Paulo, 2012.

KOJIME, Noriyuki; KURANAKA, Susumu; NAOKI, Kōjiro; NISHIMIYA, Kazutani. Nihonshoki (Crônicas do Japão), v. 2. *Coletânea de Literatura Japonesa Clássica (nihon koten bungaku zenshū)*. Tóquio: Dai-Nihon Insatsu, 1994.

KÔYAMA, Rokurô. *Imin Yonjûnen-shi* (História dos 40 Anos da Imigração). São Paulo, 1947.

LUYTEN, Sonia Bide. *Cultura* pop *japonesa*: Mangá e Animê. São Paulo: Hedra, 2005.

RODRIGUES, Ernesto. *Ayrton, o herói revelado*. Rio de Janeiro: Objetiva, 2004.

USAMI, Shōzō. *Kasatomaru kar\a mita nihon, shitatakani ikita fune no monogatari* (O Japão visto pelo *Kasato-maru* — a história de um navio que singrou bravamente o mar). Tóquio: Kaibundō, 2007.

YOSHIDA, Nana; HASHIMOTO, Lica. *A origem do Japão — mitologia da era dos deuses*. São Paulo: Sesi-SP Editora, 2018.

SCHILLING, Mark. *The Encyclopedia of Japanese Pop Culture*. Nova York: Weatherhill, 1998 *apud* FARIA, Mônica Lima de. "História e narrativa das animações nipônicas: algumas características dos animes". Em: *Actas de Diseño 5*. Facultad de Diseño y Comunicación. Universidad de Palermo, p. 150-157.

El Zarco é um romance sobre a vida dos moradores de Yautepec em um período no qual grupos de bandoleiros armados abarrotavam a região central do México. A trama ocorre durante um momento de enorme agitação política e militar. A sociedade mexicana vivia um entreguerras — a Guerra da Reforma (1858-1860) e a Segunda Intervenção Francesa (1862). Escrito durante as décadas de 1870 e 1880 e publicado em 1901, após a morte de Ignacio Manuel Altamirano, *El Zarco* é um dos livros mais conhecidos do autor, que também publicou *Clemencia* e *La Navidad en las montañas*. Em vida, Altamirano trocava correspondências com o escritor francês Victor Hugo e era amigo do poeta cubano José Martí. Foi um dos fundadores da Sociedad Netzahualcóyotl, voltada à crítica literária, ao estudo do positivismo de Augusto Comte e à defesa da pedagogia e da reforma educacional proposta por Gabino Barreda. O autor de *El Zarco* também foi um dos criadores da revista literária *El Renacimiento*. Pupilo de Ignacio Ramírez, "El Nigromante", Altamirano se formou dentro da militância das causas liberais. Acreditava que a cultura e a educação eram as duas áreas capazes de produzir a conciliação nacional de um país carcomido por tantos conflitos. Viveu em um tempo no qual o México era, em boa parte, uma sociedade de traços coloniais convertida em República. Sua literatura se fez, portanto, na proteção e consolidação dessa nova República, suas instituições e na defesa dos direitos constitucionais dos cidadãos — todas lutas presentes em El Zarco. Igualmente ao personagem do romance, o índio Nicolás, Altamirano, filho de pai indígena, foi um exemplo da austeridade republicana que defendeu em suas obras. Foi deputado federal por três legislaturas e presidente da Suprema Corte de Justiça do México (Suprema Corte de Justicia de la Nación). Morreu pobre e sem casa própria.

TRADUZIDO PARA O LITERATURA LIVRE
POR Renato Roschel

A violência que nos gerou

Renato Roschel

Nascemos de um crime que insiste em não nos abandonar. Um terror onipresente, uma memória indelével, nos relembrando diariamente que viver na América Latina significa perseverar em meio à violência de um tétrico festim de mortes, terrível e evitável, que extermina continuamente mulheres, povos tradicionais, minorias e jovens pretos, pardos e pobres.

Essa característica assustadora, presente em todas as fases da nossa história e, consequentemente, parte inequívoca da nossa estrutura social, manifesta-se também na literatura latino-americana. São muitos os exemplos de obras que apresentam e procuram, através da crítica desse quadro inaceitável, oferecer respostas que descrevam e nos façam superar tamanha violência cotidiana.

É o caso da obra *El Zarco*, ficção fundacional de orientação romântica escrita por Ignacio Manuel Altamirano (1834-1893). O texto exibe alguns personagens arquetípicos da brutalidade que nos oprime e outros nos quais se encerraria, para o escritor mexicano, uma possível solução à nossa tragédia. Assim, oferece ao leitor um romance com um propósito evidentemente pedagógico: apresentar, em uma sociedade tomada pelo banditismo, a superação desse quadro através da relação alegórica entre histórias de amor e o difícil processo de consolidação nacional.

O romance de Altamirano faz parte das obras que Doris Sommer chama de "ficção fundacional". Sua principal característica seria a indissociabilidade entre *Eros* e *Polis*. Segundo Sommer, no caso de Altamirano, a consumação da relação amorosa entre os heróis — Nicolás, o indígena trabalhador e corajoso, e a modesta Pilar — simboliza, alegoricamente, um núcleo familiar que carrega em si a promessa da consolidação da nação e do surgimento de uma sociedade mais justa.

Da mesma forma, é possível afirmar que Zarco, o bandido da trama, simboliza todos os obstáculos para tal consolidação. O romance exibe, portanto, o embate dialético de duas cosmovisões: Zarco, o homem lobo do homem, com sua vida de guerra civil interminável; e Nicolás, o cidadão exemplar de conduta irretocável que viabiliza a possibilidade de uma sociedade menos violenta — aqui, a semelhança com personagens como Buscapé e Zé Pequeno, do livro *Cidade de Deus*, de Paulo Lins, indica o quanto esse cenário segue atual.

Ao final, a vitória de Nicolás representa a esperança de um projeto econômico liberal capaz, aos olhos do autor, de produzir um futuro melhor. Altamirano pretende, com sua literatura, superar as incompetências e os atrasos, geradores da barbárie e presentes na sociedade mexicana, ao oferecer aos seus leitores um modelo moral capaz de superar os problemas que assolam a zona açucareira ao sul da Cidade do México, aterrorizada por grupos de homens armados, comandados por figuras como Zarco. Bandidos que extorquiam as populações locais. Segundo Robert Herr, Zarco é caracterizado por Altamirano como um "parasita social que, junto com seus cúmplices, entre os quais estão os políticos corruptos, rouba o povo e debilita a pátria".

O texto do autor mexicano é, dessa forma, completamente contrário às teses de Eric Hobsbawn que, em sua obra *Bandidos*, caracteriza esses grupos de bandoleiros como uma espécie de expressão de resistência política pré-moderna das classes mais pobres contra algum tipo de opressão. O romance de Altamirano, ao contrário, retrata um bandido conectado aos poderosos, os quais o tiram da cadeia, e que segue uma lógica puramente individualista. Não há nele nenhum traço de líder de causas sociais. Sua liderança é conquistada em razão das atrocidades que é capaz de praticar. Nesse sentido, é possível afirmar que o fundo moralista da obra de Altamirano, que condena a criminalidade rural e exorta a capacidade produtiva e administrativa da fazenda onde Nicolás trabalha — um local apto inclusive a se defender dos bandidos —, deixa o texto do autor mexicano mais próximo das teses de historiadores como Richard Slatta e Paul J. Vanderwood, para os quais Zarco estabelece vínculos com os poderosos de sua região visando exclusivamente sua própria ascensão social. Destarte, nem todo ato criminoso praticado pelo banditismo latino-americano seria, de acordo com o romance de Altamirano, uma manifestação de resistência política, como acreditava Hobsbawn — e é nesse ponto que reside a atualidade da obra.

Zarco é a chaga do banditismo enquanto parte integrante da formação do poder político corrupto e atrasado das Américas. Canalha e pusilânime, sua figura remete às ações mais desprezíveis da história e da literatura do continente. São inúmeras as demonstrações de sua covardia. Ele e todos os prateados, o grupo de bandidos que aterroriza a região onde fica a vila de Yautepec (casa dos heróis do romance), representam a vulgaridade da barbárie que, para quem vive em meio ao caos, pode, muita vez, brilhar sedutora. É o fulgor dos bens materiais de Zarco, adquiridos literalmente a qualquer custo, que conquista a jovem Manuela.

Porém, como o objetivo do romance de Altamirano é ser didático e moralizador, o aliciamento de Manuela e o comportamento abjeto de Zarco cumprem uma função: surgem como obstáculos à implementação da civilização. Já Nicolás e Pilar vivem e superam uma realidade que os oprime com a lâmina de um pseudocontrato social baseado no abuso e na força, e não na lei. O casal de heróis luta pela "iniciação do povo nos mistérios da civilização moderna". (ALTAMIRANO, 1986, p. 230-6 *apud* WRIGHT-RIOS, 2004, p. 49)

O efeito moralizador do livro se dá no enfrentamento à vilania e na conduta honrada frente ao signo da coerção constante, produzida pelo tecido social destroçado no qual a vida obstinada dos heróis pulsa. Assim, Altamirano é um entre tantos escritores latino-americanos que não só retrata o interminável ciclo de violência ao qual o povo dessa região é submetido desde a chegada dos colonizadores, mas que busca superá-lo.

Essa intenção educativa fica evidente na passagem em que Zarco leva a jovem Manuela para o esconderijo de seu bando, em Xochimancas — espécie de espaço distópico onde a brutalidade perversa domina. Ao chegarem lá, ambos são recebidos por uma tempestade de expressões chulas e obscenas. Os sicários que acompanham o homem com o qual Manuela decidiu fugir são tudo o que ela abomina.

O autor nos apresenta uma jovem que comete o erro de se locupletar com um poder vulgar e violento. Porém, ao ouvir os insultos, ela se dá conta de seu terrível equívoco. Encantada pela ostentação da riqueza, pelos constantes presentes ofertados por Zarco e pela solução fácil que ele oferecia, a jovem decide abandonar a vida com sua mãe e mergulhar na barbárie ao lado do bandido. Sua primeira epifania ocorre no exato momento em que a incivilidade, a desordem e a virilidade agressiva do bando a envolvem completamente. Ao chegar ao local onde vivem os prateados, ela percebe que aquela barbárie engendrará atrocidades das quais certamente ela será uma das vítimas.

Altamirano torna a desventura de Manuela uma verdadeira propaganda do Estado de Direito e do sistema democrático, que têm como base o respeito às leis e à vida em uma sociedade de economia liberal regida pela propriedade privada e pelo trabalho assalariado.

Gênese da violência

O banditismo vulgar e cruel em *El Zarco* é um retrato fiel e profundo da lógica de violação que toscamente rima lucro com estupro no continente. Uma história tétrica que começa em 1492, quando Cristóvão Colombo aponta em suas anotações que os arauaques — ou arawaques —, habitantes da região das ilhas do Caribe (Bahamas e Hispaniola, atualmente Haiti e República Dominicana), onde ele aportou, poderiam ser "facilmente escravizados".

O europeu e colonizador Colombo trouxe para a América Latina o comportamento infame tão bem representado pelo personagem criado por Altamirano. Zarco, quando necessário, também sequestra, escraviza e mata em nome da conquista de riquezas, ou seja, segue à risca a mentalidade que comandava as ações dos colonizadores europeus. Assim, as atitudes desprezíveis de Zarco repetem um comportamento presente no âmago da formação política das Américas. Nossa organização social se deu, em muito, sob a força e a liderança de bandidos — o caso dos bandeirantes no Brasil é um exemplo disso. Foi assim que o poder se instalou no momento da chegada dos europeus, era assim no tempo de El Zarco e continua assim em muitas regiões do continente, onde líderes criminosos, quando necessário, praticam inclusive o genocídio em nome do lucro e do poder. .

O historiador Samuel Eliot Morison (1955, p. 147), em sua famosa obra, *Christopher Columbus, Mariner*, usa o termo "genocídio completo" ao se referir à "política cruel iniciada por Colombo e continuada por seus sucessores" no continente americano. Já Howard Zinn (1994, p. 5), em seu clássico *Uma história do povo dos Estados Unidos*, narra as inúmeras atrocidades praticadas pelos europeus contra os arauaques. Segundo Zinn, dois anos após a chegada de Colombo, em razão dos "assassinatos, mutilações ou suicídios, metade dos 250 mil indígenas que viviam no [que é hoje o] Haiti estavam mortos".

Quando somamos tudo isso à infâmia que foi a escravidão de milhares de africanos durante séculos nesse mesmo território, a violência se impõe inequivocamente como nossa marca originária mais primordial.

As atrocidades praticadas pelos colonizadores europeus tinham um propósito claro: conquistar riqueza com a captura e venda de escravos e propiciar a busca, a qualquer custo, de ouro e de outros metais e bens preciosos. Essa mentalidade e suas consequentes pilhagens estão presentes em muitas obras da literatura latino-americana. É uma característica que remete aos primórdios da, muita vez, disfuncional relação entre os povos que formaram as nações do continente americano. Prova disso é que, ainda hoje, em boa parte da América Latina, os laços entre bandidos e suas comunidades são baseados no uso opressor da força, mácula primordial da nossa formação.

Pecado e perdão

Paradoxalmente, o ideal de justiça social de Altamirano tinha como inspiração o modelo europeu. Com isso, o Velho Continente torna-se, como dizia o poeta palestino Mahmud Darwich (2021, p. 130) ao se referir a Israel, responsável pelo pecado e pelo perdão, aquele que derrama o sangue e depois as lágrimas, que comete os massacres e está presente na fundação dos nossos tribunais de Justiça.

Ao imprimir no herói, o indígena Nicolás, a figura do "bom cidadão", que respeita as leis e conhece seus direitos, Altamirano o torna aculturado por essa nova ordem.

Não sabemos se Nicolás é yaqui, náhuatl, zapoteca ou de qualquer outra etnia. Altamirano apresenta um herói indígena, trabalhador confiável e completamente integrado à ordem social que simula o liberalismo europeu, a qual permite, para o autor, que o personagem ascenda socialmente. Assim, a exemplar conduta do herói indígena de Altamirano, em parte, carrega em si sua própria obliteração cultural.

Ele é um cidadão mexicano nos moldes europeus, não um yaqui ou um náhuatl.

Em alguns de seus escritos, Altamirano chegou inclusive a afirmar que um dos obstáculos à modernização do México era a diversidade e o número de dialetos que falavam os grupos originários (PELLICER, 2020), o que, para ele, dificultava o trabalho educativo de sua obra. O autor acreditava que a assimilação indígena só se daria pela inserção completa dos povos tradicionais em uma identidade mexicana baseada no sistema democrático e constitucional. Ao contrário de Colombo, Altamirano queria libertar os índios para torná-los mão de obra assalariada — um ideal inegavelmente de vanguarda para uma época em que as figuras do indígena ou do mestiço eram daqueles que, contraditoriamente, estavam fora dessa realidade socioeconômica.

Tal assimilação na obra *El Zarco* torna o casal de indígenas, ambos órfãos, uma espécie de modelo da família mexicana idealizada por Altamirano, pois não possuem etnia específica, mas são de uma classe social inequívoca: a classe trabalhadora. O autor de *El Zarco* acreditava que só um corpo homogêneo de cidadãos seria capaz de superar todos os entraves herdados do colonialismo, principalmente o interminável ciclo de violência na América Latina.

Contraditoriamente, a literatura de Altamirano ambiciona um México que não é o México, e, por consequência, está de costas para a América Latina que ele descreve.

O romance *El Zarco* dá voz a figuras — Nicolás e Pilar — que o autor não ouve em sua completude. De certa forma, Altamirano é um defensor inocente e apaixonado de um projeto sociopolítico que pretende copiar o modelo liberal europeu. Tomado por essa certeza, ele vê a salvação do jovem casal de indígenas através de uma espécie de aniquilação cultural. A morte da língua e dos costumes dos heróis nutre o nascimento do Estado liberal mexicano, formado pela homogeneidade de uma classe trabalhadora, e não pela heterogeneidade das etnias e dos povos tradicionais, todos pertencentes a uma América Latina que está fora do tempo histórico europeu e de seu pretenso modelo político.

Involuntariamente, o texto de Altamirano indica que há outra história da América Latina, feita por pessoas comuns e distante do interminável desfile militar que é a história oficial. Nela, os povos tradicionais e as camadas marginalizadas possuem uma inegável centralidade cultural.

Com seus erros e acertos, a obra de Altamirano revela parte dessa história. Porém, como homem de sua época, seu pensamento está eivado pelas contradições de seu tempo, muitas delas ainda vigentes. Em sua sede por organização e justiça social, Altamirano acaba por incorporar modelos que copiam povos e culturas que durante séculos oprimiram o povo que ele pretende emancipar.

Altamirano sonha com uma nação mexicana liberal e mestiça, que tem os estados europeus como modelo e que não vê valor nas tradições dos povos originários. Tal paradoxo está presente em outros escritores latino-americanos. É o que Cortázar aponta quando diz que temos vivido e lido de empréstimo e, ainda que as coisas emprestadas sejam tão bonitas, também são, para ele, uma "extraterritorialidade". O grande escritor argentino identifica essa contradição como um "resgate verbal de tão torpe tirania e tanta insolente espoliação de nossas vidas civis" (CORTÁZAR, 1977, p. 17).

O mal como linguagem

O texto de Altamirano, igual a tantos outros no continente, não é mero delírio interpretativo da barbárie. Ao contrário, é a ficção que se dá sobre os escombros morais que, muita vez, nos cercam e nos governam.

O comportamento torpe de Zarco, de alguém que dá pouco valor à vida e é capaz de fazer qualquer coisa para obter riquezas e privilégios, está, como apontamos, no âmago da história do continente. É lembrança constante da violência e da infâmia que nos geraram e que seguem diariamente nos assombrando.

Em sua história, que se passa no século XIX, subjaz o cerco socioeconômico que as populações indígenas e as populações pobres da América Latina enfrentam desde a chegada dos conquistadores.

Feito um fantasma, essa mesma crueldade de Zarco está presente, por exemplo, na obra *O cabeleira*, de Franklin Távora, e entre tantas outras da literatura brasileira. Ela aparece no nosso maior autor, Machado de Assis, quando o personagem Fortunato, do conto *A causa secreta*, ao mutilar um rato, cortando-lhe as patas e levando-o, aos poucos, ao fogo, não sente "nem raiva, nem ódio, tão-somente um vasto prazer, quieto e profundo, como daria a outro a audição de uma bela sonata ou a vista de uma estátua divina, alguma coisa parecida com a pura sensação estética" (ASSIS, 1962, p. 516-517).

Esse espetáculo de barbárie causa "repugnância" ao médico Garcia, personagem representante de um ideal de civilização e muito similar ao defendido por Altamirano. Garcia pede que Fortunato mate o animal de uma vez por todas e acabe assim com tamanho sofrimento. A resposta que recebe é um lacônico "Já vai". Fala de alguém morbidamente disposto a continuar a tortura do animal até que este dê seu último suspiro.

Essas barbaridades reproduzem um traço comportamental de personagens que praticam a violência como uma forma de expressar sua relação com a realidade. O mesmo ocorre no romance *São Bernardo*, de Graciliano Ramos. Em uma das passagens mais marcantes do livro, o empregado Marciano é espancado pelo patrão Paulo Honório.

Zarco, Fortunato e Paulo Honório são personagens que carregam em si a intrínseca inabilidade de sentir compaixão. Vivem no inferno da barbárie, inferno que Dostoiévski, nas palavras do personagem de Zossima, definiu como "o sofrimento de não mais se poder amar" (DOSTOIÉVSKI, 2008, p. 437). Já Nicolás e Pilar, motivados pelo amor, são a oposição à desprazerosa e insaciável busca por satisfação material de Manuela e Zarco, mas também uma resposta à barbárie que nos assombra. A coragem e a honradez de Nicolás opõem-se à vileza de Zarco, o qual, tomado por um horripilante narcisismo, representa e ratifica uma realidade em que a ordem é quase sempre violenta e imoral. A mesma que leva Franklin Távora a escrever em *O cabeleira*: "Triste época em que o despotismo tudo podia contra os cidadãos pacíficos e bons, nada contra a parte cancerosa da sociedade!" (1977, p. 7).

Referências

ALTAMIRANO, Ignacio Manuel. *El Zarco*. São Paulo: Instituto Mojo, 2020. Disponível em: https://literaturalivre.sescsp.org.br/ebook/el-zarco. Acesso em: 26 maio 2021.

ALTAMIRANO, Ignacio Manuel. *Obras completas XII*: escritos de literatura y arte. México: Secretaria de Educación Pública (SEP), 1986.

ALTAMIRANO, Ignacio Manuel. *Obras completas XV*: instrucción pública. Generalización del idioma castellano. El Diario del Hogar. México: Secretaria de Educación Pública (SEP), 1986.

ASSIS, Machado de. A causa secreta. Em: *Obra completa*. v. 2. Rio de Janeiro: José Aguilar, 1962.

BARROSO, Gustavo. *Heróis e bandidos*: os cangaceiros do Nordeste. Fortaleza: ABC, 2012.

CHIAPPINI, Ligia; AGUIAR, Flávio Wolf. *Literatura e história na América Latina*. São Paulo: Edusp, 2001.

CORTÁZAR, Julio. Meu amigo Pablo Neruda. Trad. Cecília Thompson. *Versus*, 11, jun. 1977, p. 15-18.

DARWISH, Mahmud. *Memória para o esquecimento*. Rio de Janeiro: Tabla, 2021.

DOSTOIÉVSKI, Fiódor. *Os irmãos Karamázov*. v. 1. São Paulo: Editora 34, 2008.

GALEANO, Eduardo. *As veias abertas da América Latina*. Porto Alegre: L&PM, 2010.

HERR, Robert. De bandidos a trabajadores: el proyecto económico liberal en *El Zarco* de Ignacio Manuel Altamirano. *Literatura Mexicana*, Cidade do México, v. 18, n. 2, 2007.

HOBSBAWM, Eric J. *Bandidos*. 6. ed. São Paulo: Paz e Terra, 2010.

LINS, Paulo. *Cidade de Deus*. 2. ed. São Paulo: Companhia das Letras, 1997.

MARTÍNEZ-HERNÁNDEZ, Aldo Adrián. O interminável ciclo de violência na América Latina. *Folha de S.Paulo*, 28 jan. 2021. Disponível em: https://www1.folha.uol.com.br/mundo/2021/01/o-interminavel-ciclo-de-violencia-na-america-latina.shtml. Acesso em: 25 jul. 2021.

MORISON, Samuel Eliot. *Chistopher Columbus, Mariner*. Boston: Little, Brown, 1955.

PELLICER, Dora. *Mexico diverso: Sus lenguas y sus hablantes*. Cidade do México: Instituto Nacional de Antropologia e Historia (Secretaria da Cultura), 2020. Disponível em: https://mediateca.inah.gob.mx/islandora_74/islandora/object/libro%3A780. Acesso em: 14 abr. 2022.

RAMOS, Graciliano. *S. Bernardo*. 102. ed. Rio de Janeiro: Record, 2020.

SILVA, Raimundo Nonato da. *Jesuíno Brilhante*: o cangaceiro romântico (1844-1879). 4. ed. Mossoró: Fundação Guimaraes Duque, 2008.

SOMMER, Doris. *Foundational fictions*: the national romances of Latin America. Berkeley: University of California Press, 1991.

TÁVORA, Franklin. *O cabeleira*. 3. ed. São Paulo: Ática, 1977.

WRIGHT-RIOS, Edward N. *Indian Saints and Nation-States: Ignacio Manuel Altamirano's Landscapes and Legends*. Mexican Studies/Estudios Mexicanos, v. 20, n. 1, inverno de 2004, p. 47-68.

ZINN, Howard. *A People's History of the United States*. Nova York: Longman, 1994.

O LEVIATÃ

de Joseph Roth

Joseph Roth, escritor judeu da Galícia oriental, territórioque durante a vida do autor fez parte do Império Austro-Húngaro, é hoje uma espécie de patrimônio da literatura austríaca. Sua obra está profundamente ligada tanto à tradição judaica quanto ao Estado multiétnico do sudeste da Europa então controlado pela monarquia dos Habsburgo.

Nessa história, Roth apresenta o poder transformador da metrópole. A narrativa retrata as mudanças na vida de um comerciante do pequeno vilarejo de Progrody após ele conhecer a cidade grande: Odessa.

Igualmente ao personagem, Roth cresceu na periferia do Império Austro-Húngaro, em uma cidade chamada Brody. Essa cidade, que durante um período foi um porto livre — o que produziu seu desenvolvimento —, e posteriormente uma região produtora de petróleo, foi onde Roth presenciou declínios e crescimentos econômicos.

Em *O Leviatã*, esse contexto ganha uma versão mítica, porém, também atrelada à percepção do autor de que certos tipos de práticas comerciais quase artesanais pertencentes a essas pequenas cidades muita vez acabavam engolidas pelas novidades tecnológicas e pelo comércio de larga escala das grandes metrópoles.

TRADUZIDO PARA O LITERATURA LIVRE
POR **Luis S. Krausz**

Todo império verdadeiro é um esforço não concretizado de estabelecer o reino de Deus na Terra. Um mundo singular e memorável; seu nome era conhecido por todos, porém só poucos o compreenderam; talvez só os iniciados, seus filhos que o conheceram em dias bons e ruins. Esse mundo desapareceu para sempre. Depois do longo crepúsculo de sua velhice, ele morreu, e sua morte não foi uma morte suave, mas uma luta angustiada. Ainda assim, muitos de seus filhos ainda estão vivos, dentre os quais alguns dos iniciados. E eles pertencem a dois mundos: ao mundo morto que, ainda vivo dentro deles, não morreu completamente; e ao mundo de seus herdeiros, que tomaram conta de suas propriedades como se fossem mercadorias, depois de uma liquidação. Mas este pertencer a dois mundos, este abraçar de duas épocas dentro de uma única alma, é um estado altamente paradoxal, que ocorre raramente na história e só recai sobre poucas das raças humanas.

Franz Werfel (1937)

Um ensaio sobre o significado da Áustria Imperial

Luis S. Krausz

Joseph Roth (1894-1939) nasceu em Brody, Galícia Oriental, região meridional da Polônia que, desde o fim do século XVIII, se encontrava sob domínio dos Habsburgos. Sua obra, especialmente seus últimos trabalhos, escritos na década de 1930, é marcada por uma ênfase cada vez maior sobre a tradição judaica e por uma grande nostalgia em relação à velha monarquia austríaca. É no cruzamento entre a cultura judaica tradicional e o projeto político do *Kaiser* Franz Josef — marcado por uma singular combinação entre tradicionalismo no âmbito político, social e cultural; e liberalismo e progressismo na esfera econômica — que se deu a formação deste que é hoje reconhecido como um dos mais importantes prosadores de língua alemã da primeira metade do século XX.

Este encontro peculiar e essa confluência singular entre a cultura aristocrática austro-germânica e uma tradição judaica adaptada, em certa medida, aos tempos modernos, foi muito frutífero em termos culturais, principalmente literários, e especialmente na Galícia oriental. Nasceram e formaram-se, à época de Roth, e em localidades muito próximas a Brody, grandes escritores como Soma Morgenstern, S. Y. Agnon, Bruno Schulz e muitos outros, menos conhecidos hoje. Em outras regiões do Império

Austro-Húngaro frutificaram ainda os talentos universais de autores como Stefan Zweig, Franz Kafka, Sigmund Freud e Franz Werfel, igualmente tributários deste fecundo encontro entre a língua e a cultura alemã e habsburga e uma origem judaica que, de determinante absoluto da identidade, passava a ser examinada criticamente, relativizada e questionada.

Joseph Roth, apesar de ter nascido em um lar onde o ídiche era a língua do cotidiano, era um grande apaixonado pela literatura, cultura e língua alemãs. Formou-se num colégio de língua alemã em sua Brody natal — um dos últimos remanescentes de uma série de escolas alemãs fundadas na Galícia durante o século XIX como parte de uma política de germanização da população local, acolhida com grande entusiasmo por um setor importante da comunidade judaica da região, cujas origens estão no reinado de José II, ainda no fim do século XVIII.

A influência crescente dessa política de germanização dos judeus da Galícia — e de todas as demais províncias do Império Austro-Húngaro — ganhou novo ímpeto a partir de 1815, seguindo o mote de que só por meio da aquisição da língua alemã os judeus poderiam adquirir "a verdadeira cultura".

Durante o século XIX, os judeus chegaram a representar 90% da população de Brody, que foi um grande centro do movimento denominado *Haskalá*, ou iluminismo judaico. Tal movimento pregava a assimilação e a integração dos judeus à sociedade mais ampla e, ao longo da segunda metade do século XIX, conquistaria cada vez mais seguidores, ao mesmo tempo em que era vigorosamente combatido pelo setor judaico tradicionalista e religioso.

A Brody natal de Roth situava-se nos confins do Império Austro-Húngaro, a poucos quilômetros da fronteira russa, e teve um extraordinário desenvolvimento durante o século XIX, em função de sua situação de porto livre. Quando este *status* foi revogado pelo Imperador, em 1879, Brody precipitou-se num rápido declínio econômico ao mesmo tempo em que o projeto de assimilação de seus judeus à cultura germânica se tornava a cada tanto mais desacreditado.

Ao tempo de Roth crescia o antissemitismo na capital imperial, Viena, que elegera como prefeito, em 1896, Karl Lueger, o dirigente do partido *Partei der antisemitischen Christen* (Partido dos Cristãos Antissemitas) e cujo programa político, estabelecido em 1882, decretava "guerra ao grande capital internacionalmente organizado pelos judeus". Sua campanha era inteiramente baseada na imputação aos judeus de todos os males que afligiam os cidadãos pobres do Império. A eleição de Karl Lueger foi um sinal importante de que as ambições do projeto integrador do iluminismo judaico talvez não estivessem destinadas a se realizar.

A crescente força política de Lueger (um dos ídolos de Adolf Hitler), assim como o surgimento de um antissemitismo de bases raciais na França e, posteriormente, na Alemanha, levaram muitos judeus a buscarem outros caminhos para a resolução da "questão judaica", dentre os quais a identificação com os crescentes nacionalismos da Europa Central, o socialismo, o sionismo e o nacionalismo judaico, ou mesmo a emigração para as Américas.

Portanto, à época da juventude de Roth, o projeto de germanização dos judeus galicianos encontrava-se em franco declínio. Não obstante, Roth permaneceu um obstinado e apaixonado estudante de língua e literatura alemãs.

A língua alemã significara, no universo judaico do Leste do Império, a passagem para a modernidade, para o Ocidente, para uma espécie de nova Terra Prometida que se anunciava como o fim dos sofrimentos inerentes à condição de exílio dos judeus. E o interesse de Roth pela cultura germânica, à qual ansiava integrar-se, é emblemático de uma época de passagem que se iniciara um século antes de seu nascimento: a passagem do gueto para a liberdade, alardeada pela *Haskalá*. Neste sentido, Viena e a Alemanha eram, para o jovem Roth, uma espécie de pátria eletiva

— ainda que, mais tarde, sua pátria literária voltasse a ser sua Galícia natal, à medida em que o autor se confrontaria com o desenraizamento e as dúvidas quanto à própria identidade, inerentes à modernidade. Diante de tal confronto, "ele recriou para si, em sua obra de caráter épico, uma pátria perdida, aquele Império Austro-Húngaro tão detalhado, vívido e verossímil, [...], que ele povoou, em seus romances e histórias, com gente de sua vida..." (KESTEN, 1980).

Em 1913, um ano antes do início da Primeira Guerra Mundial (1914-1918), Roth mudou-se para Viena para estudar Letras e Filosofia na universidade. Com o início da guerra, foi incorporado ao Exército do *Kaiser* e, depois de servir e de passar cerca de seis meses como prisioneiro de guerra na Sibéria, rumou, ao fim da guerra, para Berlim, onde se tornaria um dos mais célebres jornalistas de língua alemã dos anos 1920 e começo dos anos 1930.

A trajetória de Roth, daí em diante, é emblemática da destruição do ecúmeno judaico da Europa Central: ele só escaparia às garras dos nazistas por meio do autoexílio em Paris, onde sucumbiu, porém, à destruição psicológica e ao alcoolismo, exacerbados pela perda irreparável de seu lar, que, nas suas próprias palavras, não era outro senão a língua alemã.

Roth é em tudo o representante de uma geração que acreditava na plena integração dos judeus na Europa e, sobretudo, no Império Austro-Húngaro, um império que via a si mesmo como um lar de muitos povos e como lugar de convívio entre etnias, culturas, religiões, idiomas e tradições diversas, reunidas sob a égide de um *Kaiser* universalista e católico.

Roth cultivou, na fase mais tardia de sua literatura, a memória de um universo anterior aos tempos de destruição e exílio que viveu — uma memória de dias melhores, talvez parcialmente idealizada, e de uma forma de vida que desapareceu com as transformações sociais e econômicas do seu lugar de origem, causadas pelo declínio, pela Primeira Guerra Mundial e, sobretudo, pelo desmembramento do Império Austro-húngaro.

A ruína do Império passa a representar, na obra de Roth, o desencantamento do mundo, a banalização da existência e a reificação da humanidade, elementos que resultam da ascensão ao poder de uma burguesia voltada exclusivamente para a exploração e acumulação capitalistas, gerando a deterioração das relações sociais.

A banalização das relações humanas é um dos temas recorrentes em Roth, como ocorre na novela *O Leviatã*, publicada postumamente em 1940. Neste texto, Roth evoca a memória do universo desaparecido dos comerciantes e artesãos, para quem sua atividade não era mero instrumento para a sobrevivência, mas também, e principalmente, um fim em si mesmo, isto é, uma atividade cujo significado se encontrava em si própria antes de em seus resultados palpáveis, e que, portanto, envolvia uma ritualística específica, inimitável, que garantia seu sentido e seu significado.

De fato, a vida, sob a Monarquia Habsburga, conservava aquela tradição medieval que dava a cada uma das atividades humanas um significado cósmico e, por assim dizer, absoluto, isto é, não simplesmente vinculado a um objetivo ulterior à atividade em questão, mas também portador de um sentido em si mesma. Cada trabalho é, assim, um "estado", uma atividade misteriosa, reservada aos que nela foram iniciados e a ela são destinados por uma ordem superior: os membros de uma casta ou corporação que legitima tal atividade e a transforma num ritual de comunhão com um universo invisível.

Ao escrever sobre a mentalidade medieval, de que ainda se encontravam impregnadas as instituições habsburgas do século XIX, Johann Huizinga afirma:

> O que, no pensamento medieval, estabelecia a unidade nestes tão diferentes significados da palavra era a convicção de que cada um destes grupos representava uma instituição divina, um elemento do organismo

da criação, emanando da vontade de Deus, constituindo uma entidade real, e sendo, no futuro, tão venerável como a hierarquia angelical. Ora, se os degraus do edifício social são concebidos como sendo os degraus inferiores do trono do Eterno, o valor atribuído a cada ordem não dependerá de sua utilidade, mas de sua santidade — que é, como quem diz, da sua proximidade do lugar mais alto. Mesmo que a Idade Média tivesse reconhecido a diminuta importância da nobreza como membro do corpo social, isso não teria mudado a concepção que existia de seu alto valor, do mesmo modo que o espetáculo de uma nobreza violenta e dissipadora nunca impediu a veneração pela ordem em si mesma. [...] Os estados da sociedade só podiam ser veneráveis e duradouros porque todos eles haviam sido instituídos por Deus. A concepção da sociedade na Idade Média é estática, não dinâmica (HUIZINGA, 1924, p. 58).

Aqui, portanto, estamos não mais no campo da atividade puramente econômica, mas no campo do mítico, em que o trabalho, como todas as demais atividades humanas, se reveste de uma aura mais ou menos pronunciada e visível de sacralidade.

E, em sua mitificação literária do universo habsburgo, Roth empresta ao trabalho dos antigos comerciantes este mesmo significado espiritual, que se perdeu após a Primeira Guerra Mundial e a destruição da dupla monarquia. A perda de sentido da vida com o advento de uma mentalidade que subjuga tudo aos interesses do capital e a tudo transforma em mercadoria é contraposta por Roth ao imobilismo e à subjetividade, inerentes à ordem de raiz medieval — "o poder, na mentalidade medieval, não está ainda predominantemente associado ao dinheiro; é antes inerente à pessoa e depende de uma espécie de temor religioso que ela inspira" (HUIZINGA, 1924, p. 27).

O imobilismo da sociedade medieval permanece intacto na descrição que Roth faz, por exemplo, da morada do comerciante de corais Nissen

Piczenik em *O Leviatã,* descrita como uma rede de relações sociais que garantia a seus participantes significados que transcendiam a esfera do particular para abarcar o corpo social como um todo. Aqui, Roth debruça-se sobre a ética dos antigos comerciantes: o confronto entre o tradicionalismo humanista do comerciante de corais Nissen Piczenik *versus* uma mentalidade típica do pós-guerra, em que a ânsia por lucros toma o lugar de todos os princípios e que é representada pelo comerciante húngaro Jenö Lakatos, é, a um tempo, o retrato de um embate entre forças históricas e entre dois tipos humanos representados por esses personagens. À integridade de Piczenik, à coerência entre princípios e formas de vida, à harmonia com as leis eternas, opõe-se a vileza, a inconsequência e a banalidade de Lakatos, que é a encarnação do comerciante mercurial, com seus métodos brutais. "Ele falava russo, alemão, ucraniano, polonês, sim, de acordo com as necessidades, e se por acaso alguém o desejasse, *Herr* Lakatos falaria, também, francês, inglês e chinês."

Nissen Piczenik vive em simbiose com os corais que comercializa. Sua loja localiza-se no interior de sua casa, e os corais estão por toda a parte: na cozinha, na sala, à frente de todas as janelas. Nissen Piczenik vive para os corais que vende. Longe de simples mercadorias, destinadas a funcionar como elos na cadeia da lógica mercantil, esses corais são seres vivos, em torno dos quais paira uma aura de sacralidade.

Encarnação de virtudes que parecem extraídas do livro bíblico dos Provérbios, Nissen Piczenik devota-se com grande amor a corais que são nada menos do que o significado de sua existência: a harmonia com que transcorre o seu comércio reflete-se nas fileiras cantantes de empregadas, que passam seus dias no pátio de sua morada a enfiar os corais de diferentes tamanhos e qualidades, produzindo as pulseiras e os colares que, além de embelezarem quem os porta, possuem igualmente o poder de afastar o mau-olhado. Como se vê, Nissen Piczenik não possuía uma loja aberta, mas conduzia seus negócios em sua própria casa, ou seja, vivia com os corais, dia e noite, verão e inverno. E como as janelas de sua sala e de sua cozinha davam para um pátio interno e, além disso, estavam protegidas por pesadas grades de ferro, neste apartamento imperava uma bonita e misteriosa luz crepuscular, que lembrava as profundezas do mar. Era como se os corais nascessem e crescessem ali — não como se ali fossem simplesmente comercializados.

A decência e a honestidade de Piczenic são as qualidades que o tornam conhecido na região em que vive. Seus clientes são também seus amigos e, acima do aspecto puramente monetário e financeiro, existe uma solidariedade e uma comunidade de interesses: o dinheiro, no universo de Piczenik, não se tornou ainda um fetiche e um objetivo em si. É simplesmente um meio de troca, cuja utilização visa ao estabelecimento de laços sociais que parecem transcender aos interesses individuais:

> Comprador e vendedor bebiam, para que o negócio trouxesse a ambos lucro e bênção. [...] Assim, os clientes não eram apenas clientes, mas também hóspedes na casa de Piczenic. Às vezes as camponesas se misturavam ao canto das mulheres que enfiavam os colares, enquanto buscavam por corais que lhes servissem. Todas cantavam juntas, e até mesmo Nissen Piczenik punha-se a cantarolar, e sua mulher marcava o ritmo, batendo com a colher no fogão. [...] E cada cliente antigo beijava o comerciante, como se fosse um irmão.

Existe, portanto, uma comunidade cuja permanência e cuja paz impõem limites à cobiça e à ambição individual — limites estes que são aceitos pela totalidade de seus participantes, cientes do equilíbrio de seu ecúmeno: os negócios devem trazer às partes envolvidas "lucro e bênção", e estes dois aspectos de todas as transações sociais são indissociáveis no universo idealizado por Roth. O idílio dos corais de Nissen Piczenik é brutalmente rompido pela chegada de Jenö Lakatos à cidade, cujo estabelecimento ostenta, em vitrines, mercadorias mais baratas do que as de seu concorrente e predecessor: "Na janela desta loja reluziam corais vermelhos impecáveis, muito mais leves do que as pedras de Nissen Piczenik, mas também muito mais baratos. [...] Os preços estavam marcados numa vitrina da loja. E para que ninguém passasse pela loja sem olhar, um fonógrafo, em seu interior, tocava músicas alegres e berrantes o dia inteiro."

O milagre dos corais ao mesmo tempo mais bonitos e mais baratos, que Lakatos empurra à freguesia por meio da publicidade moderna, tem uma explicação: "Nós não somos loucos. Nós não mergulhamos nas profundezas do oceano. Nós simplesmente produzimos corais artificiais. Minha firma chama-se: irmãos Lowncastle, New York".

Assim, o progresso de que tanto falava o discurso liberal na Áustria Imperial, nada mais é, para Roth, do que a abolição da humanidade e, sobretudo, o acirramento da condição de alienação do homem, onde quer que ele se encontre. E esta alienação é, justamente, a consequência do triunfo do que Roth vê como uma nova heresia, uma nova superstição, análoga à crença no bezerro de ouro da narrativa bíblica do Êxodo: a crença no progresso é considerada por Roth como a grande superstição do século XX, cujas graves consequências ele representa em sua obra, ao mesmo tempo em que contrapõe à sua severa crítica do presente os resquícios de um universo ainda não pautado por esta nova e avassaladora força histórica, cujo triunfo representa um acirramento da condição de alienação da humanidade como um todo. Significa a ruptura com o mundo dos pais e dos avós, a perda da dimensão vertical da existência e a perdição irreversível no deserto da banalidade.

A existência de Nissen Pickzenik, cuja pureza de alma e de princípios jamais é questionada ou colocada em xeque ao longo de sua existência, e cujo contentamento deriva da satisfação com as pequenas bênçãos de cada dia, torna, por contraste, grotesca a existência sob o triunfo do mito germânico de Fausto, que no mundo pós Primeira Guerra Mundial se torna uma espécie de profecia concretizada na Europa Central, dominada pelos nacionalismos protofascistas e, ao mesmo tempo, por uma fixação de todas as energias humanas no processo de acumulação e reprodução do capital, que não têm mais por base qualquer visão transcendente de sociedade nem qualquer tipo de relação com o mundo simbólico, invisível e encantado que só pode ser percebido por meio do olho da mente.

O universo desaparecido onde se criou Roth, assim como toda uma geração de intelectuais judeus de língua alemã, se afigura, em sua obra tardia, como depositário de uma humanidade legítima e imperecível.

De outro lado, o pesadelo fáustico-europeu é visto por Roth como exacerbado na América e na União Soviética, como se vê em *Hiob* ou em suas opiniões a respeito da Rússia Soviética, reunidas no volume *Reise nach Russland*.

Os novos mundos que surgem após a Primeira Guerra Mundial — e aí se incluem, para Roth, tanto a União Soviética quanto os Estados Unidos —, representam a contraposição absoluta ao perdido paraíso antibélico: em suas sociedades totalitárias, a humanidade é aplainada e desfigurada, privada de sua essência, alienada de si mesma e de suas origens.

As forças que determinaram o extermínio do ecúmeno judaico da Europa Central, como se vê, encontravam-se em gestação já bem antes do início da Segunda Guerra Mundial (1939-1945), e seu triunfo é responsável, também, pela desorientação ética do período entreguerras, retratada por dezenas de contemporâneos de Roth.

Referências

HUIZINGA, Johann. *O declínio da Idade Média*. Lousã: Ulisseia, 1924.

KESTEN, Hermann. Die Erzählungen von Joseph Roth. Em: ROTH, Joseph. *Der Leviathan*. Munique: Deutscher Taschenbuch Verlag, 1980.

ROTH, Joseph. *Der Leviathan*: Erzählungen. Munique: Deutscher Taschenbuch Verlag, 1980.

WERFEL, Franz. An essay upon the meaning of Imperial Austria. Em: *Twilight of a world*. Nova York: The Viking Press, 1937.

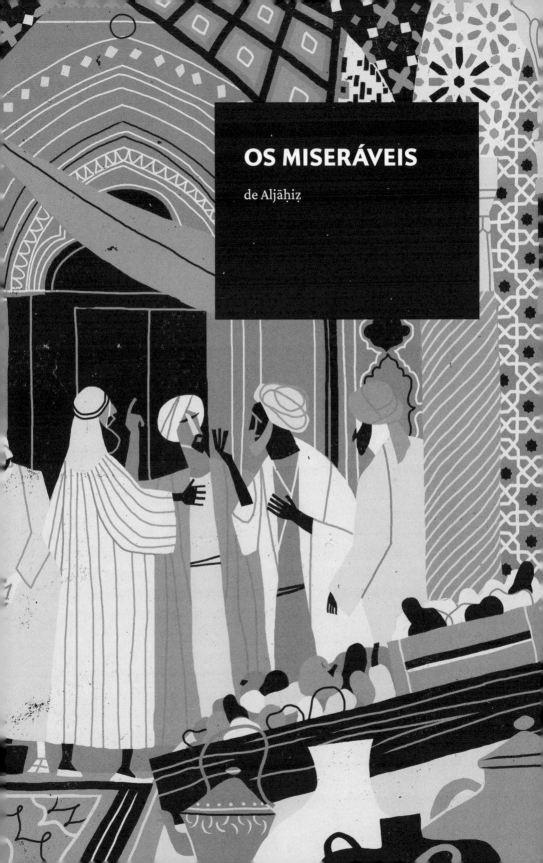

O texto *Albukhala'* (*Os miseráveis*), de Aljāhiz (776-869), expoente da prosa em árabe, é uma das primeiras obras de ficção do mundo islâmico. Formado por uma coletânea de histórias sobre pessoas avarentas, o livro é também uma enciclopédia sobre a vida social, a psicologia e os costumes dos povos nele retratados. Considerado um clássico da língua árabe, em razão da clareza da prosa de Aljāhiz, a tradução desse texto é uma verdadeira conquista para a língua portuguesa. O trabalho de Safa Jubran possibilita aos leitores brasileiros, pela primeira vez, acesso a esse clássico da literatura mundial.

Nele, Aljāhiz indica como, nas sociedades árabes, a generosidade é considerada uma virtude e como muitos que se dizem virtuosos são, na verdade, o oposto disso. Em sua sátira marcada pela observação cortante e pela capacidade de criar situações cômicas, Aljāhiz ridiculariza pessoas e grupos e, ao mesmo tempo, é um guia capaz de levar seus leitores à adoção de atitudes mais moderadas. Com um texto eloquente e dotado de uma capacidade retórica única, profundamente caracterizada pela inventividade, Aljāhiz constrói uma compilação de personalidades miseráveis, avaros obcecados em acumular bens, sovinas incapazes de qualquer ato de generosidade. Personagens tão atreladas a tais comportamentos que, muita vez, tornam-se cômicas em sua mesquinhez travestida de parcimônia e economia.

Essas figuras, que abertamente consideram tolice qualquer ato de altruísmo, são descritas por Aljāhiz de maneira realista, o que dá muita força ao texto e o torna extremamente atual. A obra, ao retratar a mentalidade de sua época, coloca Aljāhiz lado a lado de autores como Plauto (*Aululária — Comédia da panela*) e Molière (*O avarento*) que, com a pena da galhofa, trataram do mesmo tema. Aljāhiz é conhecido também como o pensador muçulmano que, mil anos antes de Darwin, publicou *O livro dos animais*, onde explica como as espécies se modificam ao lutar pela sobrevivência através de processos de competição e adaptação ao meio.

TRADUZIDO PARA O LITERATURA LIVRE
POR Safa Jubran

Aljāḥiẓ, um patriarca das letras árabes

Mamede Jarouche

Entre os autores que **podem ser considerados genuínos "fundadores de discursividade"** nas letras em árabe, ocupa lugar de destaque o polímata Abū 'Uṯmān'Amrū Bin Baḥr Alkinānī, celebrizado pela alcunha de Aljāḥiẓ ("o dos olhos saltados", 159-255 H./775-868 d.C.). Nascido no sul do Iraque, mais precisamente na cidade de Basra, então principal centro intelectual muçulmano, Aljāḥiẓ era mestiço, de ascendência árabe por parte de pai (da tribo peninsular de Kināna), e africana, talvez abissínia, por parte de mãe. Teria ficado órfão de pai desde a infância, o que obrigou sua mãe a se desdobrar para a manutenção da casa. Os relatos dos historiadores antigos referem anedotas e causos relativos à exasperação materna com o apego do filho pelas letras. Esse apego trouxe a Aljāḥiẓ, ao fim e ao cabo, um imenso e ininterrupto prestígio na cena cultural árabe, mas que, é claro, não podia ser bem recebido numa situação de penúria como aquela em que viviam. Sua biografia, aliás, como sói suceder com homens célebres, é recheada de anedotas, algumas das quais as fontes históricas põem em sua própria boca, como as sobre a sua proverbial feiura, sua relação com a avareza, seus problemas de saúde e, ainda, a sua morte provocada pelos livros — ele teria morrido soterrado por eles! (Mas não se trata da única versão: em outra, sustenta-se que ele morreu após ingerir peixe e leite). Eis um exemplo de como lhe atribuíram zombarias dirigidas a si mesmo:

> Certa vez, uma mulher me encontrou na rua e me pediu que a seguisse, e então eu a segui. Ela caminhou até chegar a um ourives, a quem disse, apontando para mim: "Igual a este", e saiu apressada. Indaguei ao ourives do que se tratava, ao que ele respondeu: "Essa mulher me trouxe um anel e pediu que eu fizesse nele a imagem de um demônio. Como eu não sabia qual a forma que ela queria, ela me trouxe você para servir de modelo".

Elaborada originalmente pelos orientalistas, ideia de classificar Aljāḥiẓ como "enciclopedista" foi difundida graças aos amplos conhecimentos evidenciados em seus textos. Com efeito, sua volumosa produção abarca praticamente todos os saberes que hoje chamaríamos, *cum grano salis*, de "humanísticos". Retórica, poética, filosofia, teologia, história, geografia, sexualidade, enfim, parece não existir área que a sua pena vigorosa e elegante não tenha palmilhado. Aljāḥiẓ era um muçulmano adepto da escola muʿtazilita, surgida em sua cidade natal, e logo se tornou um de seus líderes intelectuais mais eminentes. Normalmente, atribui-se a essa escola de pensamento islâmico uma atitude, por assim dizer, "raciona-lista", graças à prioridade que davam ao *ʿaql* ou intelecto.

Os muʿtazilitas tinham como pontos principais de sua doutrina os chamados "cinco fundamentos", a saber: *attawḥīd*, ou a "unicidade divina", segundo a qual nenhum atributo a Deus que fosse exterior à sua essência era permitido — o que levou seus adversários a acusá-los de negarem a existência de atributos divinos. Como consequência, negavam o caráter incriado do Alcorão, uma vez que é assente na teologia islâmica que o livro é um atributo divino; *alʿadl*, ou "justiça", por meio do qual afirmam que os parâmetros do julgamento divino se dão com base na razão (*ʿaql*) e na sapiência (*ḥikma*); *almanzila bayna almanzilatayn*, ou "posição intermediária", cuja ideia básica é a de que quem se desvia da religião não pode ser considerado nem crente nem incréu, mas se situa nessa "posição intermediária", e seu julgamento será diferente do julgamento dos ímpios, pois, caso se arrependa, terá retomado sua fé, e caso insista no desvio, terá por destino o castigo eterno; *alwaʿd wa alwaʿīd*, ou "promessa e ameaça", relativo à recompensa e ao castigo dos crentes sinceros e dos crentes que cometeram enormidades; e, enfim, *al'amr bil-maʿrūf wa annahiyy ʿan almunkar*, "ordenar a prática do que é bom e alertar contra a prática do que é condenável", fundamento autoexplicativo. O muʿtazilismo chegou a ser uma espécie de doutrina de Estado durante três califados consecutivos (Alma'mūn, Almuʿtaṣim e Alwāṯiq, 813-847 d.C.), mas sofreu em seguida sérios revezes, e muitas das obras de seus próceres intelectuais foram abandonadas e até destruídas. Mesmo as obras de Aljāḥiẓ que tratavam especificamente desse assunto desapareceram.

A posição doutrinária de Aljāḥiẓ é importante, ainda que não de modo exclusivo, para a compreensão de suas obras que sobreviveram até hoje, muito embora nem sempre seja possível entrar em suas minúcias. Além de numerosos tratados ou epístolas (*rasā'il*) — entre as quais se destacam uma a respeito da superioridade dos negros sobre os brancos, e outra sobre méritos sexuais de efebos e donzelas –, gozam hoje de ampla disseminação três de seus mais importantes trabalhos: *A exposição e a clareza* (*Albayān wa attabyyīn*), *O livro dos animais* (*Kitāb alḥayawān*), e *Livro dos avaros* (*Kitāb albuḥalā'*), ou, conforme a tradução publicada pelo Literatura Livre, *Os miseráveis*. Os dois primeiros, não obstante sejam considerados, respectivamente, um tratado de retórica e um tratado de zoologia, são muito mais que isso. No caso do tratado de retórica, conquanto seja uma obra pioneira (ou justamente por isso), falta-lhe, como notaria no século seguinte o escriba Ibn Wahb Alkātib, um autêntico espírito de sistematização para torná-la material de referência e consulta. A obra, entretanto, vai além, pois lida igualmente com teologia e história. Quanto ao segundo trabalho, *O livro dos animais*, chega a ser injusto pensá-lo como um mero tratado de zoologia, o que o tornaria, para os padrões hoje vigentes, superado e inclusive imprestável. Trata-se, em verdade, de um amplo compêndio que discorre sobre praticamente todos os ramos do saber, com observações que não deixarão de interessar antropólogos, biólogos, zoólogos, críticos de literatura, historiadores, sociólogos, psicólogos, teólogos etc.

Quanto ao nosso objeto principal, *Os miseráveis,* ele é mais simples de classificar: escrito já durante a velhice de Aljāḥiẓ, trata-se de um conjunto de histórias e anedotas a respeito dos praticantes desse pecado capital, constituindo-se, conforme a crítica, no seu trabalho de cunho mais acentuadamente "literário", por assim dizer. Na realidade, chegaram aos dias de hoje apenas dois manuscritos desse texto, que foi primeiramente editado na Europa em 1900 pelo arabista holandês Van Vloten, para em seguida receber a sua melhor edição, publicada no Cairo em 1948 pelo professor e estudioso egípcio Ṭāha Alḥājirī, e que foi sucedida por inúmeras outras, nem sempre com a mesma qualidade. Tendo em vista as diferenças entre esses dois únicos manuscritos, bem como as remissões a anedotas soltas desse livro em compêndios clássicos, pode-se licitamente especular que, na origem, talvez se tratasse de uma obra maior, da qual não chegaram aos dias de hoje senão fragmentos. A escassez de manuscritos também torna legítimo pressupor que a circulação do texto entre um público mais amplo tenha se interrompido em determinada altura — talvez por volta do século XIII d.C.

É igualmente plausível supor que, malgrado a fama do seu autor, uma parte das obras de Aljāḥiẓ tenha passado por algum processo de censura ou ofuscamento em virtude da queda em desgraça do mu'tazilismo a partir de meados do século IX d.C. Uma das evidências disso talvez seja o fato de existirem hoje, repita-se, somente os dois referidos manuscritos (um de finais do século XIII d.C., e outro sem data e bem fragmentário) de uma obra que sem sombra de dúvida tivera um apelo inegavelmente popular. *Os miseráveis*, de modo análogo ao de outras obras atribuídas a Aljāḥiẓ, era buscado com avidez entre os mercadores de manuscritos.

Outra evidência desse ofuscamento de uma parte das obras de Aljāḥiẓ é o fato de, cerca de dois séculos depois de sua "composição original", haver sido criada uma imitação (muito inferior) pelo igualmente célebre letrado Abū Bakr Alḫaṭīb Albaġdādī (1002-1071 d.C.), autor, entre muitíssimas outras obras, de volumosos e importantes registros sobre a história de Bagdá. O cobiçoso Albaġdādī era um severo muçulmano sunita, isto é, ortodoxo, crítico acerbo de todo e qualquer "desvio" ou "inovação" (*bid'a*).

Essa escassez de manuscritos também torna razoável supor que a circulação do texto entre um público mais amplo tenha se interrompido em determinada altura — talvez por volta do século XIII d.C. É igualmente curioso observar que dois manuscritos do *Livro das mil e uma noites*, um do século XVI e outro do século XVII, contêm histórias de avaros e miseráveis, extraídas não da obra de Aljāḥiẓ, mas da supracitada obra de igual título escrita por Albaġdādī no século XI. O fato de que alguns copistas das *Noites*, na intenção de introduzir no *corpus* desse livro anedotas sobre pessoas avarentas e miseráveis, não tenham recorrido à composição de Aljāḥiẓ, e sim à de Albaġdādī, é uma evidência de que nessa época a primeira já não circulava, ou era bem difícil de ser encontrada, uma vez que o humor de Aljāḥiẓ se coaduna melhor com os propósitos das *Noites* do que a prosa sensaborona de Albaġdādī.

A diferença entre esses dois textos homônimos, guardadas as devidas proporções, assemelha-se à diferença entre os *Quixotes* de Cervantes e de Avellaneda. No texto de Aljāḥiẓ, para além de outras considerações de ordem filosófica, estética e histórica, o caráter cômico e jocoso se impõe, ao passo que na imitação de Albaġdādī o que se nota é o caráter ortodoxamente didático-moralizante que empobrece seu texto a olhos vistos. A comparação a seguir será suficiente para demonstrar esse fato.

A diferença entre a atitude normativamente punitivista e sisuda da imitação elaborada por Albaġdādī e o frescor bem-humorado do "original" de Aljāḥiẓ pode ser explicada, entre outros fatores, primeiro, pelas condições sociais e culturais do mundo muçulmano em suas respectivas épocas, e, segundo, pela inserção intelectual de ambos os autores. Albaġdādī, em tudo e por tudo, produz um discurso rigorosamente normativo, lançando mão da técnica conhecida em árabe como *isnād*, que consistia basicamente em legitimar qualquer um dos eventos narrados por meio da explicitação de uma cadeia de narradores que chegaria a algum personagem que tivesse participado do evento ou, então, ouvido diretamente de algum participante. Em certo sentido, deve-se admitir que as narrativas de Albaġdādī não estão inteiramente isentas de humor: pelo contrário, muitas delas são de fato cômicas, mas o humor não é o seu móvel precípuo, a ele sobrepõe-se o propósito moralizante a partir de um viés abertamente religioso. Falta-lhes, no entanto, aquilo que é o prato de resistência do livro de Aljāḥiẓ: o sarcasmo, a construção irônica que procura captar, em vez das eventuais contradições entre as falas e os atos das personagens, o cinismo bem articulado que justifica as ações dos avarentos. Enquanto Albaġdādī aponta a oposição da avareza às prescrições muçulmanas, Aljāḥiẓ faz dela o resultado de um discurso teórico que não apenas a justifica, mas, indo além, glorifica-a sem dissimulações, ou melhor, destaca a elaboração intelectual da qual ela é a configuração prática. Tal procedimento deriva do mu'tazilismo, cuja sutil casuística permitia ao autor livrar-se das peias de uma ortodoxia fechada e sempre declaradamente moralizante, sem espaço para as relativizações que os conceitos doutrinários mu'tazilitas, em especial o da "posição intermediária", possibilitavam aos seus adeptos, e que pode ser resumido na seguinte sentença do próprio Aljāḥiẓ: a apreensão do passado permite "discernir a diferença entre os desejos de saber que originam a mera rivalidade e as paixões mundanas, de um lado; e os desejos de saber que se devem ao nobre afã e ao temor a Deus". Em suma, nos relatos de Albaġdādī o riso, mesmo que previsto, é incidental, subordinando-se à pura moralização e exaltação do Islã, enquanto nos relatos de Aljāḥiẓ o riso é fundamental, conquanto instrumento para a reflexão sobre o uso da razão e suas falácias.

Ṭāha Alḥājirī observa que em *Os miseráveis* uma das mais conspícuas façanhas de Aljāḥiẓ foi dar sabor e força ao discurso sem utilizar o costumeiro recurso — em parte derivado da supremacia da poesia na cultura árabe — de metáforas e alegorias. Com efeito, a prosa de Aljāḥiẓ — não apenas neste livro, mas em toda a sua obra — persegue a exatidão da palavra, numa mimetização explícita, conforme se pode constatar no desfecho de uma de suas anedotas: após descrever uma ação avarenta qualquer, o narrador emenda que "essas coisas ficam muito mais saborosas caso você as veja com os seus próprios olhos, pois a escrita não retrata todas as coisas nem revela suas essências, limites e verdades". A um só tempo, a notação atualiza explicitamente a antiga discussão a respeito da incapacidade mimética do discurso, e antecipa aquilo que um filósofo da fenomenologia, como Ernesto Grassi, chamaria de "insuficiência da linguagem".

Os avarentos (ou miseráveis) das anedotas e histórias de Aljāḥiẓ são muita vez movidos por uma sede argumentativa, dialética, que dá a elas um colorido especial, com um humor ácido que procura evidenciar, para além de qualquer propósito moralizante, a hipocrisia criadora de um mundo virtual que se dá por real e concreto. Leia-se a seguinte narrativa, por um certo Ibn Ḥassān:

> Vivia entre nós um homem pobre que tinha um irmão rico e exageradamente avarento e fanfarrão, e ao qual ele disse certo dia: "Ai de ti! Sou pobre e tenho de sustentar família, ao passo que você é rico e tem poucos encargos! Por que não me ajuda contra as desditas do tempo, não me dá um pouco do seu dinheiro ou me alivia em alguma coisa? Por Deus que

nunca vi nem ouvi falar de ninguém mais avarento do que você!" O irmão rico respondeu: "Ai de ti! Por Deus que a questão não é como você supõe! Nem o meu dinheiro é como você estima, nem eu sou tão avarento ou próspero como você diz. Por Deus que, se acaso eu possuísse um milhão de *dirhams*, eu lhe daria quinhentos mil dirhams! Diga, minha gente, como pode ser considerado avarento um homem capaz de dar, de uma só tacada, quinhentos mil *dirhams*?"

Trata-se de uma anedota cuja agudez, não raro, passa despercebida, e que em certo sentido resume a dialética do humor satírico jāḥiẓiano, centrada, basicamente, na justificação da vileza por meio da construção de um universo argumentativo convincente, que inverte a ordem de valores e impõe a sua lógica como irretorquível. Note-se a similaridade com a seguinte anedota:

O morador de Merv pergunta ao visitante quando chega, ou a seu conviva caso se demore: "Você almoçou hoje?" Se acaso ele responder positivamente, o mérvida dirá: "Se você não tivesse almoçado, eu lhe serviria um delicioso almoço!" E, se porventura o visitante responder negativamente, o mérvida dirá: "Se você já tivesse almoçado, eu lhe daria cinco taças de vinho para beber!" Assim, em qualquer um dos casos, o visitante ficará sem coisa nenhuma."

Tal similaridade, derivada do cinismo da argumentação, é também encontradiça nas próprias razões apresentadas pelo autor para explicar a opção pela sátira: "As pessoas não condenam o riso e a zombaria senão em certa medida, mas quando o que se busca mediante a zombaria é o benefício, e quando se busca mediante o riso aquilo que é próprio do riso, nesse caso a zombaria se torna seriedade, e o riso, gravidade". Na verdade, essa explicação é igualmente bifronte, pois, se de um lado submete o humor à utilidade, de outro constitui-o como instrumento de crítica, subtraindo-o à mera condição de passatempo inconsequente, ou, como afirma o crítico marroquino Muḥammad Mišbāl, "apesar da escassez de textos críticos clássicos a respeito da anedota, o pouco que encontramos evidencia uma consciência sobre os gêneros entre os antigos, [...] atingindo o patamar da construção teórica".

Aljāḥiẓ é, segundo a unanimidade da crítica árabe e orientalista, um autor clássico por excelência. O *Livro dos avaros,* obra da velhice do autor, conforme já se ressaltou, teve sua tradução recomendada pela Unesco "para um maior entendimento entre os povos". A pergunta que se impõe é: em que medida um texto satírico do século IX d. C., escrito como crítica a padrões de comportamento e argumentação, poderia servir, no mundo contemporâneo, "para um maior entendimento entre os povos"? Existem várias maneiras de abordar a questão. Em primeiro lugar, e isso estava decerto na mente de quem recomendou a sua tradução, consiste num texto antirracista. Na época em que Aljāḥiẓ o redigiu, estava no auge, nos lados oriental e ocidental do mundo muçulmano, um movimento chamado *šu'ūbiyya,* cuja proposição básica era a inferioridade étnica dos árabes, considerados meros cameleiros ignorantes e desconhecedores dos princípios mais elementares da civilização e da civilidade. É bem possível que os funcionários da Unesco tivessem esse fato em mente quando recomendaram a tradução.

O antirracismo, entretanto, é uma camada de sentido que escapa aos olhos não especializados. Talvez mais do que essa questão, sem dúvida importantíssima, a qualidade estética do texto, sua prosa fundadora, como já se afirmou, sua elegância e a dialética peculiar que o sustenta também tenham sido os móveis da recomendação. São elementos presentes no texto árabe, e é aí que se encontra a problemática da tradução. Como traduzir ao português contemporâneo, sem traí-lo, um texto árabe clássico com cerca de doze séculos de existência? Aliás, caberia a essa obra a definição de "clássico" no âmbito de outras letras que não as árabes ou muçulmanas? Não está a própria noção de clássico ligada a certa familiaridade, ainda que de oitiva, com um conjunto de obras que, numa dada cultura, jamais são propriamente lidas, mas sim, e constantemente, "relidas"? Se o texto clássico pressupõe esse eterno retorno que impede a sua sedimentação na esfera do "mesmo", se cada retorno é uma apropriação que o lança na esfera do "novo", do "outro", como considerar clássico, em outra cultura, um texto que nela é inteiramente desconhecido?

É do escritor italiano Italo Calvino a definição, título de um ensaio seu, de que "traduzir é o verdadeiro modo de ler um texto" e, falando de sua experiência pessoal como tradutor, de que "traduzir é o mais absoluto sistema de leitura". Pode-se acrescentar que o verdadeiro modo de ler um texto, praticando o mais absoluto sistema de leitura, é historicamente determinado, o que, por uma implicação lógica, faz da própria tradução um ato historicamente determinado. Seja, por exemplo, a tradução feita por Antoine Galland, entre 1704 e 1717, do *Kitāb alf layla wa layla*, o *Livro das mil e uma noites*. O modo pelo qual Galland leu esse livro no século XVIII talvez não seja mais "verdadeiro" para os dias de hoje, mas certamente o foi em sua época, e de um modo que o tornou, por si só, e passando ao largo do original traduzido, um clássico da literatura francesa, que circula de maneira autônoma em relação a ele, tendo chegado mesmo a "devolver", se cabe o termo, certas narrativas à cultura árabe. Pode-se afirmar algo análogo em relação a outra obra árabe muito afamada, o *Kitāb Kalīla wa Dimna, Livro de Kalila e Dimna*, composta no século VIII e traduzida ao castelhano em meados do século XIII, nos albores da prosa nessa língua. Hoje, independentemente do original que efetivamente foi traduzido, é um monumento da literatura castelhana, tendo fundado, em certo sentido, a prosa ficcional nessa língua.

Ambos os casos foram citados porque, hoje, talvez nem sequer tenha cabimento discutir a questão da "fidelidade" aos originais, embora muitos ainda a coloquem. Trata-se de obras que param em pé sozinhas, aclimatadas cultural e historicamente às suas agora não tão novas roupagens linguísticas. A história da tradução registra muitíssimos outros exemplos de traduções que se tornaram monumentos na língua de chegada, mas aqui nos ativemos a esses dois por se tratarem de traduções do árabe. E nem falaremos por ora do Alcorão vertido ao turco, pois nos faria desviar demasiado da rota.

Recorrendo novamente à metáfora de Calvino, a "boa viagem" de qualquer obra de uma língua a outra é, em primeiríssimo plano, uma questão de linguagem, ou, conforme as palavras do autor italiano, "questões de conteúdo e questões de forma". Transportado para outra língua, um texto clássico talvez não se torne clássico em suas novas roupagens, mas o tradutor — mesmo fustigado pelo risco do anacronismo e das acusações de pretensão — tem a obrigação intelectual, ética e estética de fazer o máximo para atingir tal estatuto, pois renunciar a isso é renunciar à própria essência da literatura. E as condições que fazem, no tempo e no espaço, um texto qualquer se tornar clássico em dada língua e cultura obviamente não coincidem com as condições de outra língua e cultura, em outro tempo e espaço.

O *Livro dos avaros*, ou *Os miseráveis,* conforme preferiram os editores brasileiros, foi e continua a ser um clássico em árabe, malgrado a existência de um interregno cuja duração é difícil de calcular. O que determina essa condição? A qualidade de sua escrita (dificultosa, reconheça-se, de definir), a importância dos temas que suscita e a empatia que provoca junto aos leitores — o que o fez sedimentar-se na memória de gerações e gerações como obra a ser lida, ou, então, "relida". É um desafio e tanto para qualquer tradutor, em qualquer língua, e a nossa teve o privilégio de contar com o trabalho sempre primoroso de Safa Jubran, uma tradutora inigualável, e certamente a única na cultura lusófona que transita com a mesma destreza nos dois sentidos, do português ao árabe e vice-versa.

Referências

ANÔNIMO. *Les Mille et Une Nuits*: contes arabes. Trad. Antoine Galland. Introdução: Jean Gaulmier. Paris: Garnier-Flammarion, 1965.

ANÔNIMO. *Livro das mil e uma noites*. v. 1, 2, 3 e 4. Trad. Mamede Jarouche. São Paulo: Globo, 2005.

CALVINO, Italo. *Mundo escrito e mundo não escrito*: artigos, conferências e entrevistas. São Paulo: Companhia das Letras, 2015.

CALVINO, Italo. *Suplemento Literário de Minas Gerais*, Belo Horizonte, 1335, p. 32-34, mar./abr., 2011.

GRASSI, Ernesto. Poder da imagem, impotência da palavra racional. Em: *Em defesa da Retórica*. São Paulo: Livraria Duas Cidades, 1978.

IBN-ALMUQAFFA. *Kalila e Dimna*. Trad. Mamede Jarouche. São Paulo: Martins Fontes, 2005.

Clorinda Matto de Turner foi uma das primeiras escritoras latino-americanas a tornar os povos tradicionais protagonistas. Também foi ela quem reivindicou o reconhecimento do quéchua como uma língua portadora de cultura. Defensora radical da tradição andina, Clorinda sempre trabalhou para as principais publicações culturais do Peru. Acreditava que o quéchua merecia um papel constitutivo na vida da nação peruana e que os povos andinos deveriam ter uma posição central em um projeto político-nacional peruano.

Sua obra, *Pássaros sem ninho*, é intrinsicamente pioneira. É a primeira tentativa literária de representação de elementos da cultura quéchua e serrana do Peru. Dá voz às populações indígenas e mestiças daquela região. Aponta as dificuldades, os preconceitos e as injustiças que afetavam essas pessoas.

A literatura de Clorinda Matto de Turner indica o quanto ela era uma intelectual comprometida com a política. Durante sua carreira, foi jornalista atuante e traduziu a Bíblia para o quéchua mesmo depois de ter sido excomungada pela Igreja Católica após publicar na revista *El Perú Ilustrado*, famoso periódico que ela coordenava em Lima, o conto *Magdala*, do escritor brasileiro Henrique Coelho Neto, no qual era retratada uma relação amorosa entre Jesus Cristo e Maria Madalena. Além disso, Clorinda fundou a revista *El Recreo*, em Cusco, e a editora La Equitativa, em Lima. Em Buenos Aires, durante um período em que ficou exilada, foi a editora-chefe da revista *El Búcaro Americano*, que teve entre seus colabores nomes como Ruben Dário e Amado Nervo. Conhecer sua obra é tornar-se um pouco mais latino-americano.

TRADUZIDO PARA O LITERATURA LIVRE

POR Nina Rizzi

Pássaros sem ninho:
entre dois lugares,
os indígenas e
as mulheres

Micheliny Verunschk

Em 1865, o escritor cearense José de Alencar publicou aquela que seria uma das obras mais conhecidas do Romantismo no Brasil, *Iracema*, narrativa à guisa de mito nacional na qual se unem idealização, caráter fundacional e abertura para um Outro exótico, trazendo o personagem indígena como uma entidade simultaneamente lírica e heroica, por um lado; e, por outro, necessitada de tutelamento e tornada palatável para os padrões europeizantes da jovem literatura brasileira. Em consonância com os ideais que fervilhavam na Europa daquela segunda metade do século XIX, nossa literatura principiava uma busca pela formação de certa brasilidade, compreendida como um sentimento de pertencimento a uma identidade nacional de caráter fixo, consensual e essencialista. Antonio Candido (1981, p. 224) aponta a "mentirada gentil do indianismo" como a tradução de uma busca pelo heroico e o lendário em um país marcado pela mestiçagem, não apenas no sentido biológico do termo, mas sobretudo no aspecto cultural. Eric Hobsbawn (1997, p. 17) dirá que "se não há nenhum passado satisfatório, sempre é possível inventá-lo".

O Romantismo, obedecendo às engrenagens regentes dos pressupostos liberalistas e da ética utilitarista e cientificista do positivismo, ganhou não apenas o Brasil, como os demais países da América Latina, com seu ideário político baseado na ordem e no culto às leis, à ciência, a um passado idealizado e grandioso, e, também, em certa crença no futuro, que pode ser traduzida pela palavra "progresso". Ao medievalismo subjacente à medula romântica europeia, o Brasil e a Hispanoamérica responderam com o indianismo/indigenismo[1], no qual se situam obras como a tríade alencariana *O Guarani*, *Iracema* e *Ubirajara*, o *I-Juca Pirama*, de Gonçalves Dias, e obras menos conhecidas do leitor brasileiro, mas de igual importância para a compreensão da difusão do ideário burguês na América e da história da literatura dos países vizinhos. Obras como *El padre Horán* (Peru, 1848), de Narciso Aréstegui; *Aves sin nido* (Peru, 1889), de Clorinda Matto de Turner; *Raza de Bronce* (Bolívia, 1919), de Alcides Arguedas; *Huasipungo* (Equador, 1934), de Jorge Icasa, entre outras, inauguram uma forma de situar o indígena e de refletir sobre as fricções de suas existências e modos de vida nas nações recém-surgidas dos processos de independência. Os escritores ditos nacionais tomavam para si a prerrogativa de narrar os povos originários sob outra lente, trazendo consigo, é claro, a herança tanto dos olhares inaugurais de Anchieta, Padre António Vieira e Bartolomeu de Las Casas, por um lado; como dos iluministas Voltaire, Chateaubriand e Jean-Jacques Rosseau, por outro. Se a literatura de viagem pintara uma América situada entre o horror e a maravilha, metade Éden terrestre, metade visão infernal, com viajantes estrangeiros como André de Thevet, entre outros, criando monstros fascinantes na mesma medida em que apontavam as "tolas crenças" (2009, p. 81) dos povos indígenas e outras estereotipagens, os escritores nativos agora se deparavam com

---

[1] O indianismo pode ser compreendido como a tendência literária marcante, sobretudo no Romantismo latino-americano de fins do século XIX, orientada para uma idealização da vida e dos sujeitos indígenas, e herdeira do mito do "bom selvagem". Já o indigenismo é entendido como uma mirada realista e problematizadora da questão do indígena, em voga nas primeiras décadas do século XX. O indigenismo no Brasil seguiu outra direção interpretativa, colocando-se nas relações de estudo de caráter científico e das políticas de proteção ao indígena.

"o problema dos povos indígenas", ou seja, de que forma nações que se queriam em franca marcha rumo ao futuro (ou ao progresso) integrariam povos que eram, simultaneamente, os depositários do passado heroico que glorificavam em seus escritos e o sinal do fracasso desse empreendimento. Quais projetos de nacionalidade seriam possíveis a populações de maioria indígena ou mestiça, que viviam entre desigualdades, opressões, conflitos e desníveis de várias ordens? Como traduzir sujeitos, paisagens sociais e, ao mesmo tempo, oferecer perspectivas de futuro na construção das novas engrenagens nacionais? Na literatura indianista brasileira, não raro o caminho escolhido foi o da pacificação pela aculturação, e da oposição paradoxal àqueles que se rebelavam, colocando-os sob o epíteto de bárbaros, incultos e bestiais.

Nesse sentido, trazemos a foco a obra *Pássaros sem ninho* (no original, *Aves si nido*), de Clorinda Matto de Turner, que, a meio caminho entre certa visão edulcorada e uma nova possibilidade de representação narrativa, parece oferecer pistas valiosas sobre esse processo. A autoria feminina, sob um ponto de vista combativo e atento ao lugar ocupado tanto pelos povos originários como pela mulher nas discussões dos destinos nacionais, faz dessa obra um ponto de inflexão no panorama das narrativas sobre indígenas do período. *Pássaros sem ninho* ressurge, em 2021, em uma segunda tradução no Brasil, o que sugere um interesse renovado tanto na obra de Turner como nas questões que levanta. É um marco da literatura peruana e latino-americana como um todo e, por isso, antes de refletir sobre o papel da obra nas circunstâncias elencadas, parece imperioso contextualizá-la também de acordo com a biografia de sua autora.

Clorinda Matto de Turner: uma mulher na vanguarda

Nascida Grimanesca Martina Matto Usandivas, em Cuzco, Peru, no ano de 1852, a escritora, educadora, jornalista, tradutora e ativista Clorinda Matto de Turner mudou seu nome depois de conhecer o marido, o empresário inglês John Turner, com quem se casou em 1871, aos 19 anos. Matto de Turner viveu a maior parte de sua infância na fazenda Paullo Chico, de propriedade de sua família, na província de Calca, região do Vale Sagrado Inca. Frequentou a escola local, participando da vida e das tradições *ayllu*, comunidades familiares campesinas indígenas. Foi nesse ambiente, em contato com grupos de povos originários, que aprendeu a falar o quéchua, numa imersão cultural e social que marcaria toda a sua produção intelectual. De fato, Matto de Turner se tornaria uma voz em defesa dos povos indígenas, e seu trabalho como jornalista, romancista e tradutora do para o espanhol evidenciariam essa atuação. A reflexão e a denúncia sobre as dificuldades, a exploração e as desigualdades que assolavam as populações indígenas marcaram sua biografia e se aprofundaram, principalmente, a partir da publicação de *Pássaros sem ninho*.

Já aos 13 anos, a jovem Clorinda publicou textos jornalísticos no jornal da escola e, posteriormente, no distrito de Tinta, para onde se mudaria com o marido. Lá colaborou nos periódicos locais com artigos, assinados sob pseudônimos femininos como Lucrecia, Betsábe, Rosario, entre outros, contrariando as normas da época, que só permitiam a autoria feminina desde que ocultada sob uma *persona* masculina. Nesse período, apareceram seus primeiros textos ficcionais: contos que enviava ao *El Correo del Peru* e nos quais recuperava relatos dos narradores indígenas com os quais convivera na infância. Foi em Tinta, província aguerrida onde um século antes o líder revolucionário Tupac Amaru e sua esposa Micaela Bastidas lideraram uma das maiores revoltas anticoloniais das Américas, que Matto de Turner aprofundaria seus estudos sobre a história peruana. Logo de início, sua atuação intelectual foi alvo de críticas e ataques, especialmente devido a seus textos inflamados pelo tom acusatório às injustiças sofridas pelos indígenas, pelos pobres e pelas mulheres. Seus alvos eram a Igreja, os políticos corruptos e os funcionários públicos que usavam seus cargos para o exercício da opressão. Um comportamento como esse não passaria incólume e, desde muito cedo, seu pensamento tornou-se objeto de protesto.

> A senhora Clorinda Matto de Turner, o que ela tem em mãos? — perguntavam-se os literatos e intelectuais da época. Parece que lhe faltam hormônios femininos. Como se atreve a invadir nossos territórios, o que espera o seu marido, que não lhe põe cabresto? A burguesinha da alta sociedade cusquenha é muito mimada, quer usar o cérebro porque seu ventre não pode lhe dar filhos (ARAÓZ *apud* RIGON, 2012, p. 49).

As críticas que recebeu ao longo de sua atuação intelectual nunca foram veladas. Ao contrário, eram violentíssimas e denotavam a extensão do incômodo que suas ideias causavam na sociedade patriarcal peruana. Mesmo sua origem, serrana e interiorana, tornou-se alvo de ataques xenofóbicos, como aponta Heloisa Costa Rigon:

> As ofensas que Clorinda recebeu vieram de ilustres homens das letras, como Pedro Paz Soldán y Unanue, que se referiu a ela como "Clorenda, a mula equitativa" (a letra 'e' em seu nome faz referência ao sotaque serrano), e até de um fictício sobrinho que escrevia cartas *"a so tia Clorenda"*, publicadas no *El Chispazo*, nas quais a acusava de hedionda, de bêbada, de *marimacha, vieja jamona, poetrasta de mamarrachos* (Denegri, 2018, p. 234). Os comentários execradores revelavam um discurso da estereotipia, "[...] um discurso assertivo, imperativo, repetitivo, caricatural. É uma fala arrogante, de quem se considera superior ou está em posição de hegemonia, uma voz segura e autossuficiente que se arroga no direito de dizer o que o outro é em poucas palavras" (ALBUQUERQUE JÚNIOR, 2007, p. 13) (RIGON, 2020, p. 81).[2]

---

2   Rigon opta por não traduzir os insultos.

Esse caráter persecutório só se aprofundaria ao longo dos anos, e a escritora reuniria inimigos poderosos em sua trajetória, mas isso não seria um impeditivo para a difusão de suas ideias e literatura. Em 1876, Matto de Turner funda *El recreo de Cusco*, semanário voltado para a literatura, as ciências, as artes e a educação, que circulou entre fevereiro daquele ano e janeiro de 1877. Nesse período, Turner se firmou no meio intelectual peruano participando de encontros, círculos literários e nas chamadas *veladas literárias* promovidas por Juana Manuela Gorriti, escritora argentina radicada em Lima. Esses encontros, nos quais escritoras compartilhavam seus textos e projetos literários em meio a uma intensa troca intelectual, configuravam-se como espaços de resistência e de ativismo feminista e político. É nesse contexto que Gorriti e Matto de Turner se aproximaram, iniciando uma forte amizade que levaria Matto de Turner a considerar a escritora argentina sua mentora. Com a eclosão da Guerra do Pacífico, conflito ocorrido entre Chile, Bolívia e Peru nos anos de 1879 e 1883, Gorriti, pressionada pelos acontecimentos, retorna para a Argentina. As *veladas* são interrompidas e só voltariam a acontecer anos mais tarde, por influência de Matto de Turner, que abriria as portas de sua casa para os novos encontros. Com o falecimento de Joseph Turner em 1881, a escritora deixou Tinta e se instalou em Arequipa, onde continuou a contribuir com o periodismo, sendo contratada como chefe de redação do jornal *La Bolsa*. Ali, atraiu também novos oponentes, já que, além de defender a população indígena e levantar a problemática da situação social e educacional da mulher peruana, passou também a se opor frontalmente às autoridades corruptas e ao voto de castidade clerical.

Durante o período da guerra, Matto de Turner não apenas se comprometeu intelectualmente na defesa do país, escrevendo artigos nos periódicos com os quais colaborava, como também criou campanhas de arrecadação de fundos para o exército peruano e cedeu a própria casa para que servisse de hospital aos feridos. A escritora se colocou como partidária do General Andrés Avelino Cáceres, oponente político do General Nicolás de Pieróla, adesão essa que, no futuro, seria determinante para seu exílio na Argentina.

Em 1886, fez nova mudança, dessa vez para Lima, onde sua carreira alcançou franca ascensão. Três anos depois, em 1889, assumiu a redação da revista *El Perú Ilustrado*, uma das publicações de maior prestígio do país. Nesse mesmo ano, publicou o romance *Pássaros sem ninho*, obra de ficção que inaugurou o movimento literário indigenista no país. Nele, Matto de Turner centralizou o pensamento de anos de atividade intelectual, ao mesmo tempo em que delimitou seu ideal de nação peruana. O livro, apesar de seu sucesso editorial, fez com que a escritora passasse a receber ataques massivos por quebrar o contrato tácito da autoria feminina no século XIX, isto é, o de se ater a temas do universo doméstico ou aos pendores e sentimentos ditos "femininos". Além disso, o livro propõe, implicitamente, outro modelo de casamento, no qual a mulher tem participação ativa no mundo público e é aprovada — e até mesmo louvada — pelo marido.

Em 25 de agosto de 1890 foi publicado, nas páginas do *Perú Ilustrado*, o conto *Magdala*, do brasileiro Henrique Coelho Netto, no qual se insinua uma atração sexual entre Jesus e Maria Madalena. Embora o conto tenha sido publicado durante uma licença de sua diretora, o arcebispo de Lima usou o fato como pretexto para acusar Matto de Turner de heresia e difamação da Igreja. Rumores dão conta de uma possível excomunhão. Além disso, o arcebispo colocou o romance, publicado um ano antes, num índex de obras proibidas. Exemplares foram queimados em praça pública, como em um auto de fé. Quatro dias depois, Matto de Turner pediu demissão do periódico. Sua simpatia pelo General Cáceres, deposto da presidência da República por um violento golpe de Estado empreendido por Nicólas de Pieróla, em 1895, acabou por deixar sua situação insustentável e, pressionada pelos muitos inimigos que fizera, partiu em exílio para a Argentina, onde continuou sua intensa atividade intelectual escrevendo ensaios, romances e literatura de viagem. Além disso, participou de debates e palestras, formou redes de escritoras e escritores latino-americanos e fundou o periódico *Búcaro Americano*, publicação de difusão da literatura hispano-americana, especialmente a escrita por mulheres, e de defesa da emancipação feminina. Clorinda Matto de Turner faleceu em 1909, na Argentina, tendo seus últimos anos marcados pela mágoa de não poder retornar à terra natal. Anos depois, o Legislativo peruano decidiria pela repatriação de seus restos mortais.

Pássaros sem ninho: um romance na vanguarda

Em *Pássaros sem ninho*, os Yupanqui — Marcela e Juan Yupanqui e suas filhas Margarita e Rosalía —, família indígena espoliada pelo pároco do vilarejo de Kíllac, recebem a proteção de um jovem casal de forasteiros, Lucía e Fernando Marín. A atitude desperta a ira dos poderosos locais, que armam uma emboscada contra os indígenas e seus protetores. Esta ação acarreta na morte do casal nativo e na orfandade de suas filhas, que são adotadas por Lucía e Fernando. Uma sequência de injustiças são desveladas ao longo da trama, com a posterior punição dos culpados, a descoberta de crimes sexuais dentro da Igreja e até mesmo uma interdição incestuosa. A injustiça contra os povos indígenas também é denunciada por meio do personagem Isidro Champi, falsamente acusado pelo crime cometido pelas autoridades. Após tantas desventuras, os Marín partem com as órfãs para Lima, a capital do país, onde poderão oferecer às jovens educação adequada e uma vida sem sobressaltos. A novela se divide em duas partes. A primeira, composta por 26 capítulos, está centrada nos eventos que fazem com que os indígenas e a família Marín se oponham às autoridades corruptas de Kíllac. Na segunda parte, com 32 capítulos, a família Marín parte para a capital e se apresenta o desenlace de uma frustrada história de amor entre Margarita e o jovem Manuel, enteado de um dos envolvidos na morte dos pais da moça. *Grosso modo*, os acontecimentos que permeiam o enredo do romance inaugural de Clorinda Matto de Turner revela seu panorama ideológico, motivo pelo qual se tornou tão polêmico à época de sua publicação, como ainda é hoje.

Em *Dialética da colonização*, Alfredo Bosi chama a atenção para o fato de que, em *Iracema* e *O Guarani* — talvez os romances indianistas brasileiros mais emblemáticos —, o processo de absorção cultural do indígena se apresenta sem resistência ou rebeldia. Em tais obras, o mito do bom selvagem se realiza conciliatoriamente pela neutralização das oposições reais entre conquistador/invasor e nativo/conquistado. A beleza e o heroísmo imputados ao indígena só se confirmam na medida de uma gravitação servil em relação ao colonizador, nunca por ações de resistência ou insurgência. Entretanto, as dobras do texto literário, em suas condições de movimento inclusivo, não permitem um acordo perfeito, um vinco no qual prevaleça alguma fantasia de harmonia em que essa contradição possa ser resolvida:

> O mito é uma instância mediadora, uma cabeça bifronte. Na face que olha para a História, o mito reflete contradições reais, mas de modo a convertê-las e a resolvê-las em figuras que perfaçam, em si, a *coincidentia oppositorum*. Assim, o mito alencariano reúne, sob a imagem comum do herói, o *colonizador*, tido como generoso feudatário, e o *colonizado*, visto, ao mesmo tempo, como súdito fiel e bom selvagem. Na outra face, que contempla a invenção, traz o mito de signos produzidos conforme uma semântica analógica, sendo um processo figural, uma imagem romanesca, uma imagem poética. Na medida em que alcança essa qualidade propriamente estética, o mito resiste a integrar-se, sem mais, nesta ou naquela ideologia (BOSI, 1992, p. 180).

Esse olhar analítico bem pode servir para a elucidação de certos movimentos de *Pássaros sem ninho*, posto que essas oposições e contradições são colocadas paradoxalmente na obra de Matto de Turner. O romance se inicia com um prólogo no qual estão assentadas a compreensão do papel da literatura em sua relação com a história e a sociedade, a adesão a certo ideário de progresso positivista e a delimitação do seu caráter denunciativo:

> Se a história é o espelho no qual as gerações futuras contemplarão a imagem das gerações passadas, o romance deve ser a fotografia que registra os vícios e as virtudes de um povo, com a consequente moral corretiva para os primeiros e a homenagem de admiração para as segundas. [...] Amo com amor de ternura a raça indígena, razão pela qual observei de perto seus costumes — encantadores por sua simplicidade — e a torpeza à qual submetem essa raça os mandatários das aldeias, que mudam de nome, porém não perdem o epíteto de tiranos. Não são outra coisa, no geral, os padres, governadores, caciques e prefeitos (MATTO DE TURNER, *op. cit.*).

Assim, Matto de Turner compreende a literatura como um instrumento de reforma social, servindo-se do espaço ficcional para a difusão e o engajamento de um projeto de nação, e usa desse preâmbulo para explicar o seu ideal político, como uma carta de intenções para o futuro e de advertência a quem considera opressor. Na narrativa ficcional, do mesmo modo que se entrevê no prólogo, é estabelecida uma oposição entre as "aldeias" (ou seja, as cidades pequenas) e a capital do país. Lima surge como um modelo de civilidade, tolerância e progresso, utopia a ser alcançada pela educação e pelo bom coração das elites intelectuais, contrapondo-se ao reacionarismo e à violência que marcam as relações, na região serrana, entre brancos e indígenas. Esse comprometimento ideológico permeia o romance de modo que, não raras vezes, a voz da autora confunde-se com a voz narrativa.

> Esse elemento paratextual sinaliza ao leitor que ele está diante de um romance que tratará de questões referentes não apenas à sociedade daquela época, mas às necessidades daquele lugar. Conforme se lê, em vez de meramente seguir os passos de outros romances — como os chamados "de costume" — que lhe serviram de modelo e poderiam, por especificidades de seus outros contextos de produção, ter um caráter meramente recreativo, em *Pássaros sem ninho* o intuito é o de alertar, ensinar os leitores e, até mesmo, estimulá-los a corrigir mazelas de sua sociedade (CUNHA, 2019, p. 92).

Tal adesão ideológica, no entanto, não isenta *Pássaros sem ninho* de recorrer a estereótipos próprios à mitologia do bom selvagem, seja no aspecto humilde ou até mesmo servil das personalidades dos personagens indígenas representados no romance, seja na crença de que um tutelamento, ainda que não violento, poderia ser de alguma valia para os povos originários naqueles Estados-nação ainda em formação. Em Matto de Turner, como em outros romances indianistas da mesma época, a assimilação do indígena é dada pelo sacrifício (a morte do casal Yupanqui) e pela criação do novo cidadão por sua inclusão no mundo branco do progresso (a adoção e a mudança das órfãs). Entretanto, esse caráter contraditório não invalida as várias frentes de vanguarda do romance. Em primeiro lugar, embora seja imputada uma responsabilidade salvacionista à intelectualidade branca, esclarecida e progressista — representada no romance pelo casal Marín —, o tom não é de total congraçamento ao mundo do colonizador. O fato de os indígenas procurarem esta proteção, contrariando a regra de submissão inquestionável às violências, evidencia um traço, ainda que mínimo, de rebeldia, que, se lido pelo olhar do século

XXI, pode parecer ingênuo, mas que, naquele momento, personifica uma possibilidade, um caminho para a autonomia.

Por outro lado, toda a trama se desenrola em função de uma ação inicial que não é protagonizada por personagens masculinos: a mulher indígena Marcela Yupanqui procura a mulher branca Lucía Marin com o intuito de resolver a injustiça sofrida por sua família. O pequeno ato de autossuficiência das duas mulheres contraria a estrutura patriarcal tanto dentro como fora da ficção. Nesse sentido, as contradições dão conta da complexidade das sociedades pós-coloniais. Quando os subalternos falam, nos lembra Spivak (2010), alianças se estabelecem, e isso é perceptível na dobra e nas redobras em torno de *Pássaros sem ninho*, fora e dentro de suas páginas. A questão da consciência de classe é rascunhada no subterrâneo desse "romance de costumes". Aí reside também a resistência de que fala Alfredo Bosi. Resistência que se dá ainda nas dimensões poética e tradutória, ao agregar palavras do quéchua ao texto sem tradução direta, colocadas como apêndice posterior. Há a proposta implícita de conexão dos dois mundos de uma forma mais orgânica e natural:

> [...] naquele momento, o que Matto tentava era, digamos, "traduzir" o Peru serrano aos demais peruanos, embrionariamente, formulando uma proposta de aproximação entre as culturas criolla, indígena e mestiça tal como empreenderiam os intelectuais indigenistas (CUNHA, 2019, p. 97).

O entrelugar de *Pássaros sem ninho*: uma conclusão

Por um lado, *Pássaros sem ninho* é uma obra anticlerical, de crítica ao patriarcado e que projeta um futuro no qual indígenas e mulheres rompem o sistema de castas herdado do colonialismo. Reivindica um lugar inédito para os considerados cidadãos de segunda classe na sociedade latino-americana do século XIX, um lugar cujo enfrentamento coletivo se dá pelo acesso à educação. Por outro, o romance perpetua estereótipos que vão desde o indígena resignado e "bom selvagem" — representado na trama por Juan Yupanqui —, passando pela mulher idealizada, de beleza, virtudes e até mesmo sofrimentos divinizados, até chegar no projeto de salvação pequeno-burguês, cientificista e positivista. No romance, ambos os lados *são planos sob a perspectiva do narrador*. O bem e o mal, absolutos, dão ares de alegoria à narrativa. Os personagens indígenas, tutelados pela família branca, não possuem projetos próprios de emancipação, e sua imagem, embora mais positiva do que aquela feita pelos exploradores brutais, é ainda atravessada pelo preconceito e pela condescendência. Essas fragilidades, entretanto, não diminuem a importância da obra de Matto de Turner. No Peru, as discussões de *Pássaros sem ninho* a colocam como última obra indianista e precursora do movimento indigenista literário, com destaque para a proposição de um novo papel para a mulher. Ocupando este entrelugar, trata-se de uma obra condutora em um tempo de transição.

Francesca Denegri (1994) destaca as contradições nos romances de Matto de Turner, como o discurso manifesto da ideologia liberal e positivista e o papel da cultura andina tradicional, cuja abertura é reivindicada pelo indígena. Denegri afirma que Lucía Marín é a personagem que gera essa abertura ao Outro, sendo participante desse fenômeno de transculturação. Tanto Denegri quanto Peluffo destacaram como uma inovação de Matto de Turner a aliança entre indígenas e mulheres no projeto de construção da nação peruana, representada no romance por Lucía Marín. A personagem é apresentada como alternativa à imagem da mulher peruana do século XIX, destacando seu envolvimento em todas as áreas da vida particular e pública e sua faceta integradora na esfera social (SUMILLERA, 2018, p. 49).

Em resumo, é correto afirmar que *Pássaros sem ninho*, de certo modo, emula a nota biográfica de sua autora, mas, de igual maneira, transcende a ela. Seu pioneirismo e seu valor histórico e literário não derivam de uma pretensa perfeição, mas, antes, ao documentar os sismos da sociedade peruana, sua crítica manifesta tensões que não estão circunscritas apenas àquele território, um êxito que outras obras do mesmo período e de mesma temática não lograram alcançar. Sua poética, embora ainda devedora do sentimentalismo romântico, não raro o ultrapassa, especialmente na integração entre o quéchua e o espanhol e na centralidade dada ao tema político, muitas vezes em detrimento do mesmo sentimentalismo. Desse modo, a realização do texto se lança ao futuro e, nesse percurso, chega até nós. Isso significa, entre outras coisas, que ainda há muito por dizer.

Referências

BOSI, Alfredo. *Dialética da colonização*. São Paulo: Companhia das Letras, 1992.

CAMARGO, Kelly Cristina Tosta Becker de. "Aves si nido": a contribuição de Clorinda Matto de Turner para a nação peruana do século XIX. *Anais eletrônicos – XVI Encontro Regional de História – Tempos de Transição*. Ponta Grossa, PR: Associação Nacional de História — Paraná, 2018.

CÂNDIDO, Antonio. *Formação da literatura brasileira*. Belo Horizonte: Itatiaia, 1975.

CUNHA, Roseli Barros Cunha. *Aves sin nido*, de Clorinda Matto de Turner: um romance peruano nos limiares da tradução cultural. *Cadernos de Literatura em Tradução*, n. 21, São Paulo, p. 88-100, 2019.

HOBSBAWN, Eric. *Sobre História*. São Paulo: Companhia das Letras, 1998.

MATTO de Turner, Clorinda. *Pássaros sem ninho*. Trad. Nina Rizzi. São Paulo: Instituto Mojo, 2020. (Projeto Literatura Livre)

MUSSA, Alberto. *Meu destino é ser onça*. Rio de Janeiro; São Paulo: Record, 2009.

RIGON, Heloísa Costa. *Clorinda Matto de Turner*: a literatura como denúncia dos conflitos políticos e sociais no Peru. 2020. 91f. Dissertação (Mestrado em Literatura e Interculturalidade) — Centro de Educação (Ceduc), Universidade Estadual da Paraíba, Campina Grande, 2020.

SPIVAK, Gayatri Chakravorty. *Pode o subalterno falar?* Belo Horizonte: UFMG, 2010.

SUMILLERA, Leyre Frechilla. Análisis literario de *Aves si Nido*, de Clorinda Mato de Turner. Cantabria: Ciese-Comillas, 2017-2018. Disponível em: https://repositorio.unican.es/xmlui/bitstream/ handle/10902/15543/TFG.LFS.pdf?sequence=1. Acesso em: 29 ago. 2021.

Jonathan Swift fazia parte do Scriblerus Club, grupo de escritores e pensadores que incluía figuras como Thomas Parnell, Alexander Pope e John Gay. Sob o pseudônimo Martinus Scriblerus, esses autores, poetas e ensaístas publicavam textos — reunidos na obra *Memórias de Martinus Scriblerus* — onde ridicularizavam o uso de jargões eruditos e vazios. A participação nesse clube literário, além de encorajar Swift a escrever *Viagens de Gulliver* — um best-seller desde seu nascedouro, em 1726 —, serviu de grande inspiração ao autor. Com o espírito da sátira descarada e tomado por uma indignação "furiosa, raivosa, obscena", conforme escreveu Thackeray, *Viagens de Gulliver*, ao criticar praticamente todos os aspectos da vida social britânica e europeia do século 18, tornou-se um texto indispensável, influenciando figuras como Machado de Assis, Yeats, Joyce, Orwell e Kubrick. Tamanho sucesso fez o livro sofrer inúmeras adaptações para a literatura infantojuvenil, muitas delas ao custo de verdadeiras mutilações no texto original. *Viagens de Gulliver* também chegou ao teatro, às telas de cinema, virou desenho animado da Hanna-Barbera e emprestou seus diálogos para um episódio do seriado britânico Doctor Who. Após tantas apropriações, o anti-herói de Swift é, ainda hoje, a lembrança de que tamanho, aparência e CEP não importam quando o assunto é firmeza moral ou coerência nas ideias e nos atos. Swift, ao ridicularizar os valores imperialistas de sua época, para os quais o planeta não passava de um espaço a ser colonizado, dá ao olhar do refugiado, do imigrante ilegal e daqueles que vivem nas fraturas da civilização ocidental, inequívoca centralidade.

TRADUZIDO PARA O LITERATURA LIVRE
POR Renato Roschel

Jonathan Swift, o moderno defensor da Antiguidade

Renato Roschel

Jonathan Swift é antes de tudo um sátiro. Seu livro *Viagens de Gulliver* é um monumento à desconstrução pelo deboche. Oferece aos leitores o luminoso trabalho de um autor profundamente pessimista e absolutamente engraçado que, ao defender a Antiguidade, paradoxalmente se coloca no epicentro da modernidade tão severamente criticada em seu texto.

Historicamente, *Viagens de Gulliver* é uma obra que, graças à expansão dos tentáculos do Império Britânico pelo mundo, se espalhou pelo planeta e inspirou inúmeras literaturas. Ao redigir com a "pena da galhofa e a tinta da melancolia"[1], Swift influenciou vários escritores, entre eles, nosso maior autor, Machado de Assis, no qual o humor sarcástico, virulento e genial do britânico ganhou uma versão sutil e refinada.

Em suas obras, os sátiros Machado e Swift combinam o riso com a desesperança. A modernidade literária presente nas "rabugens do pessimismo" das *Memórias póstumas de Brás Cubas*[2] muita vez se aproxima dos

---

1. Referência à introdução do livro *Memórias póstumas de Brás Cubas*, de Machado de Assis.
2. Obra devidamente homenageada, já no título, na também monumental sátira *Memórias sentimentais de João Miramar*, do também moderno Oswald de Andrade.

sentimentos que tomam conta do intrépido Gulliver, o qual, ao retornar para o convívio de seus familiares e conterrâneos, se reconhece completamente alheio à vida em sua terra natal e na sociedade britânica. O personagem de Swift prefere a companhia dos cavalos à das pessoas, da mesma maneira que Brás Cubas opta pelo distanciamento total do defunto autor, como se estivesse dando voz ao cadáver de Swift, cuja lápide, na catedral de São Patrício, em Dublin, expõe os seguintes dizeres: "Aqui jaz o corpo de Jonathan Swift S.T.D., decano desta catedral, onde a cruel indignação ulterior não será mais capaz de lacerar o coração. Afasta-se, viajante, e imita, se fores capaz, o infatigável reclamante da liberdade para os homens. Óbito dia 19, mês outubro, ano 1745, aos 78 anos".[3]

A lucidez carregada de melancolia, sempre dada ao impiedoso exercício da galhofa, tanto em Swift como em Machado são ferramentas destruidoras de muitas convenções e dão voz à "cruel indignação ulterior" contra a irracionalidade e a empulhação.

Brás Cubas e Gulliver não são apenas personagens que se julgam fora de lugar, *gauches* na vida. Na verdade, ao compreenderem os evidentes problemas de seus respectivos países, ambos antipatizam com seus compatriotas ao mesmo tempo em que destacam e satirizam as imperfeições da sociedade em que vivem.

As narrativas fantásticas em que habitam *Gulliver* e *Brás Cubas* carregam o traço comum de destruir os formalismos das relações e estruturas sociais que ambos condenam. Nas duas obras, é possível ziguezaguear entre o deboche das memórias de um desencantado narrador defunto, que zomba dos interesses subterrâneos e mascarados da sociedade carioca; e a ridicularização da sociedade britânica, vil e vulgar aos olhos de

---

3   *Hic depositumest Corpus/ IONATHAN SWIFT S.T.D. / Huyus Eccesiae Cathedralis / Deccani, / Ubi saeva Indignatio / Ulterius / Cor lacerare nequit, / Abi Viator / Et imitare, si poteris, / Strenuum pro virili / Libertatis Vindicatorem / Obiit 19 Die Mensis Octobris / A.D. 1745 Anno Ætatis 78.*

Swift e que, quando comparada à do país dos cavalos, leva o autor a dar preferência inequívoca à última.

Esse sentimento, que paradoxalmente torna o texto de Swift inegavelmente moderno, aponta o desprezo do autor pela visão panglossiana do mundo, segundo a qual nós, os seres humanos, somos essencialmente bons. Swift abominava a ingenuidade dessa ideia, muita vez presente nas teses de um certo otimismo iluminista. Ele acreditava que a educação, o Estado e, sobretudo, a religião eram os principais responsáveis por impedir ou retardar a degradação social que, aos seus olhos, seria o resultado natural de qualquer grupo social. Swift, além de clérigo, era leitor voraz de Agostinho e Petrarca, que defendiam que os seres humanos estariam fadados a uma "doença do espírito" fundamental e indelével (*aegritudo animi*), que consiste em uma "perene crise interior".

Desencantada com a humanidade, principalmente com a civilização ocidental, a obra de Swift não zomba, portanto, apenas dos britânicos. De certa forma, todas as deformidades morais de muitas sociedades e Estados europeus são representados pelos povos fictícios que o herói conhece em suas viagens. Por exemplo, os minúsculos liliputianos são corruptos, egoístas, injustos, mal-agradecidos e gananciosos. Em sua compreensão tacanha do mundo, julgam o planeta Terra muito menor do que realmente é. São imperialistas e despudoradamente se consideram superiores ao ponto de, por conta dessa jactância, legitimar a dominação de outros povos pela força — o que pode ser visto como uma crítica de Swift à ideologia do "povo escolhido", a qual, entre suas muitas deploráveis manifestações, gerou catástrofes como o colonialismo, o imperialismo — na época do autor — e o excepcionalismo norte-americano dos nossos dias.

Atualíssima, a crítica de Swift à geopolítica praticada pelos impérios se evidencia, por exemplo, na passagem sobre os moradores da ilha voadora de Laputa, que vivem flutuando sobre os habitantes de Balnibarbi, região dominada pelos laputianos. Por estar acima, o povo de Laputa poderia massacrar qualquer rebelião com uma simples aterrisagem sobre a cidade insurgente. A imagem é uma perfeita metáfora dos desmandos que a aristocracia da ilha britânica — e de outros países europeus — praticou, durante séculos, ao redor do mundo.

A realeza britânica também é alvo de sua feroz crítica. O imperador de Lilliput, por sua vez, é uma inegável versão burlesca do rei da Inglaterra, Jorge I, cuja ascensão ao poder representou para Swift a saída da vida política em Londres e um retorno, quase exílio, à Irlanda, onde assumiu o posto de deão da catedral de São Patrício. Essa derrota política afetou profundamente Swift, um *tory* (conservador), defensor da Revolução Gloriosa de 1688, contrário à teoria do direito divino dos reis e ardoroso partidário da tese de que todo poder emanava do povo.

É na chave do escárnio aberto que a obra de Swift faz troça da pompa estapafúrdia que rodeia as famílias reais europeias — há, por exemplo, uma passagem na qual Gulliver, então gigante em razão da altura minúscula dos liliputianos, apaga um incêndio no palácio imperial urinando nas chamas e inundando o quarto preferido da imperatriz.

Além da evidente praticidade do ato, há uma clara zombaria às figuras reais e ao que representam os espaços físicos e políticos que elas ocupam. Salvar o palácio imperial com um jato de urina indica que, para Swift, a realeza e as maneiras com as quais ela se estabelecia carregavam em si um evidente problema. Isso surge novamente quando Gulliver tenta explicar para o rei gigante como os povos europeus escolhem seus líderes. Ao perceber as irrefutáveis falhas do sistema político europeu, o rei gigante diz não entender como "indivíduos que possuem opiniões prejudiciais ao interesse público não são obrigados a mudar suas opiniões e alterar suas condutas".

Por esse e outros motivos, há na obra de Swift um profundo desgosto com a política, caracterizado principalmente no personagem Flimnap, uma evidente caricatura de Robert Walpole, o primeiro primeiro-ministro da história britânica, cargo para o qual foi apontado por Jorge I. Flimnap é invejoso e dado a intrigas. Uma figura inescrupulosa, que vive em constante busca pelo poder e não possui nenhuma preocupação real com seu país e seus compatriotas.

Swift não apenas escancara a depravação da política liliputiana (britânica), mas indica a pouca ou nenhuma racionalidade das ações daquele minúsculo império que se julga centro do mundo, no que pode ser entendido como um ataque frontal ao eurocentrismo e ao imperialismo britânico.

Um exemplo disso é a guerra entre Lilliput e Blufescu, que se inicia após uma polêmica na sociedade liliputiana sobre como deveriam ser quebradas as cascas dos ovos cozidos. Entre os envolvidos nessa disputa grotesca estão os "bojudos", que defendiam que as cascas dos ovos cozidos deveriam ser quebradas a partir da parte mais larga; já seus adversários, os "pontudos", sustentavam que as cascas deveriam ser quebradas a partir da parte mais estreita e pontiaguda. Esse motivo evidentemente absurdo gerou polêmicas que descambaram para uma espécie de perseguição religiosa aos bojudos que viviam em Lilliput, o que os levou a buscar refúgio em Blufescu. O resultado de tal insanidade foi uma guerra entre os dois impérios. Assim, Swift indica o quanto a civilização ocidental pode ser irracional e ridícula, capaz de matar e perseguir pelos motivos mais banais. A violência das guerras, para Swift, prova o quanto os europeus estão longe do exemplo de virtude que julgam ser.

Como Swift viveu em um período marcado por disputas políticas e religiosas, a intolerância dominante em sua época é um dos principais alvos de sua pena. Ele ridiculariza a disputa entre Igreja anglicana (protestante) e o catolicismo romano. A polêmica do ovo cozido é, para ele, similar àquelas que levam pessoas a lutar por questões como o dogma da transubstanciação, segundo o qual a hóstia e o vinho consagrados, no momento da eucaristia, transformam-se efetivamente no corpo e sangue de Cristo. Swift satiriza aqueles que preferem a vitória da abstração em nome de uma realidade profunda e invisível sobre os dados sensíveis da realidade. Por ser aristotélico, ele busca no mundo real, no qual vivemos, as bases sólidas para sustentar suas posições e, ao mesmo tempo, ridiculariza os motivos que levaram às guerras religiosas ocorridas após a divisão da cristandade, em função da Reforma Protestante.

Já na terra dos gigantes, após inúmeras palestras de Gulliver, o rei gigante conclui que não há outra coisa a fazer senão afirmar que, entre os ingleses — e, consequentemente, entre os europeus —,

> [...] a ignorância, a ociosidade e o vício são os principais ingredientes para qualificar um legislador; que as leis da Inglaterra são melhor explicadas, interpretadas e aplicadas por aqueles cujos interesses e habilidades estão em pervertê-las, torná-las confusas e com isso iludir os incautos [...] que, entre vocês, alguns dos objetivos iniciais de uma instituição que poderiam ter sido toleráveis, com o passar do tempo, desapareceram ou ficaram pela metade, e tudo o que restou é completamente turvo e maculado por corrupções. Pelo que você disse, não parece que seja necessária qualquer perfeição para que um indivíduo alcance uma posição de destaque entre vocês; muito menos que os homens sejam enobrecidos em razão de sua virtude; ou que os padres se tornem bispos em função de sua piedade ou aprendizado; ou que soldados sejam condecorados por sua conduta ou bravura; ou que juízes sejam respeitados por sua integridade; ou que os senadores sejam admirados por seu amor pelo país; ou que conselheiros sejam respeitados por sua sabedoria.

Curiosamente, muitos autores e críticos europeus julgaram como misantropia as duras críticas de Swift à superioridade europeia, principalmente porque o rei gigante finaliza sua percepção dos europeus dizendo que estes lhe pareciam uma "raça perniciosa de pequenos vermes odiosos e rastejantes". Porém, aqui, novamente Swift compara as sociedades europeia e britânica nas quais ele vivia com a Antiguidade. Roma e Grécia são os modelos que Swift exalta em oposição às corrompidas nações europeias de seu tempo.

Tanto é assim que, no final do livro, Gulliver chega ao sétimo e último reino de sua jornada: o Japão — único lugar real das viagens do nosso herói. Lá, o papel do personagem de Swift é o de proteger o cristianismo, um dos eixos da vinculação de Swift com a Antiguidade, e demonstrar que os holandeses, assim como os britânicos, eram cruéis e perversos em suas aventuras mercantis. Os holandeses querem matar Gulliver, mas os japoneses impedem que isso aconteça. Na verdade, o Japão representado por Swift era um reino que adotava inúmeras medidas para proteger sua cultura milenar da invasão do mercantilismo europeu. Aqui, Swift novamente defende a Antiguidade contra o Moderno, em mais uma metáfora do que ocorria no mundo intelectual europeu, tomado então pela *Querelle des Anciens et de Moderns* (Querela dos Antigos e Modernos).

Swift detestava muitas das novidades produzidas e defendidas pelos modernos. Para ele, um árduo defensor das coisas práticas, havia maior valor em conhecimentos que podiam ser utilizados no cotidiano. Ele demonstra esse sentimento através das pesquisas pseudocientíficas da academia de Lagado, uma academia fictícia que em sua obra é palco de pesquisas inúteis — por exemplo "a extração de raios solares de pepinos" —, realizadas graças à arrogância de alguns meios acadêmicos tomados pela descabida pretensão de explicar a natureza das pedras às próprias pedras. Tais pesquisas dão palco a "inventores" que visam riqueza e reconhecimento que não merecem. Nesse ponto, a comparação das invenções dos cientistas de Lagado com o emplasto de Brás Cubas, remedinho que tudo cura, mas para nada serve, aproximam ainda mais esses dois gigantes literários. Há nos inventos inúteis e em seus inventores uma busca tosca pela "sede de nomeada",[4] pelo "amor da glória" e por algumas possíveis "vantagens pecuniárias" — aliás, qualquer semelhança com polêmicas envolvendo alguns medicamentos e "cientistas" nos dias atuais não é mera coincidência, é apenas a história que tragicamente se repete como farsa.

A grande diferença aqui é que Swift é escancarado em suas críticas. Ele ridiculariza a Royal Society e sua política de financiar livros de britânicos que viajam pelo mundo, produzindo assim, em muitos casos, compilações profundamente preconceituosas, principalmente quando o tema de tais obras são outros povos; zomba dos matemáticos da fictícia ilha flutuante de Laputa, que utilizam conceitos matemáticos até mesmo para fazer roupas que, por essa razão, resultam imensamente desconfortáveis; também ironiza o fato dos mesmos moradores de Laputa se preocuparem tanto com a observação dos astros que muitos deles deixam de cuidar dos afazeres diários fora de casa, temendo uma catástrofe celestial caso um cometa qualquer altere sua rota mesmo que minimamente. De certa forma, em seu livro, Swift ataca o pensamento newtoniano que então dominava o Reino Unido e certa aristocracia, para ele desconectada da realidade e que, enquanto explorava outras sociedades e os britânicos mais pobres, julgava-se superior e iluminada.

Swift era um irlandês filho de ingleses. Sua vida foi voltada para a Inglaterra, apesar de ter passado boa parte dela na Irlanda. Nascido em 1667, em Dublin, o autor de Gulliver não conheceu o pai, que morreu enquanto sua mãe ainda estava grávida. Aos 6 anos, ele entrou no Kilkenny College; depois, em 1682, ingressou no Trinity College, ambos em Dublin. Lá, estudou latim, grego, hebraico e se especializou em filosofia aristotélica. Sua vinculação com a Antiguidade e os clássicos era profunda. Por essa

---

4   O termo "sede de nomeada" se refere a Virgília, mulher de Lobo Neves e amante de Brás Cubas. É uma mulher gananciosa e que não quer perder o luxo proporcionado pelo marido. Cubas inventa o emplasto movido pela mesma sede de "amor da glória" — ser reconhecido e respeitado.

razão, Swift não media palavras quando atacava os pensadores modernos. Sua obra ridiculariza figuras como Descartes, Hobbes e os cientistas da Royal Society, muitos deles discípulos de Francis Bacon, autor do *Novo Organum*, um contraponto ao *Organum* de Aristóteles, obra que Bacon considerava, para ira de Swift, "estéril do ponto de vista da informação científica" (BERTI, 2002, p. XI).

Jonathan Swift, um conservador vinculado ao pensamento da Antiguidade, era profundamente moderno em sua crítica à modernidade. Inegavelmente paradoxal, sua postura não é anti-intelectual; é favorável ao pensamento pragmático, e, por essa razão, Swift detestava conhecimentos que julgava demasiadamente especulativos, movidos por abstrações para ele inúteis e dispendiosas. Prova disso é que, em certa passagem da obra, quando os liliputianos decidem condenar o gigante Gulliver à morte, o autor apresenta o desafio que seria se livrar do enorme defunto e todos os problemas e riscos sanitários que um gigantesco corpo putrefato acarretaria para a vida dos minúsculos habitantes de Lilliput.

O autor de *Viagens de Gulliver* acreditava que a ética, a moral e a razão, quando utilizadas para um objetivo concreto e voltado para a melhoria da vida em comunidade, eram suficientes. Essa postura se dava principalmente porque muitas dessas ciências, na época de Swift, estavam ainda se estabelecendo. Swift não era contra a ciência, a matemática, o pensamento filosófico, a teologia, a política ou até mesmo a aristocracia. Apenas defendia o uso de tais conhecimentos e poder político na melhoria da vida comum.

O óbvio ululante, para Swift, residia em um simples fato: tudo o que está errado no mundo só será corrigido quando passar a ser feito corretamente por aqueles que anteriormente faziam as coisas erradas. Para ele, não adianta um gigante ou um cavalo demonstrar claramente os inúmeros erros da humanidade. Em sua visão, a maior parte desses erros — muitos deles frutos da mesquinharia ou de comportamentos pouco louváveis — só será substituída pelo progresso se as sociedades humanas integrarem ao seu cotidiano a cooperação e a dedicação completa à educação geral. Swift, como homem prático que era, utiliza o exemplo do rei gigante e dos cavalos para deixar claro que, se os humanos decidirem fazer as coisas certas, uma vida melhor é completamente viável.

As viagens do personagem criado por Swift são para sete diferentes locais, onde ele entra em contato com quatro formas de regimes políticos. Em cada destino que Gulliver chega há uma maneira peculiar de organização social. Todas elas possuem suas vantagens e desvantagens.

Viagens de Gulliver representa a crença de que os seres humanos têm todas as oportunidades e recursos para melhorar a vida ao seu redor. Porém, a loucura, o egoísmo e a irracionalidade das guerras e das lideranças que não estão preparadas para liderar impedem que sociedades se tornem mais justas e íntegras. O rei gigante e o cavalo demonstram que o resultado dessa insanidade produz uma sociedade onde o sucesso e os mais mesquinhos e sórdidos interesses pessoais se tornam mais importantes do que a integridade dos indivíduos. Esses personagens indicam que, no mundo ideal imaginado por Swift, a honestidade é o mais precioso tesouro a ser almejado.

O livro de Swift também indica o quanto podemos aprender com outras civilizações. O exercício de Gulliver é o do estrangeiro que, por fim, acaba percebendo que maneiras diferentes de fazer as coisas podem resultar em formas mais justas de organizar a vida comum. Ele evidencia o quanto o olhar preconceituoso é um impedimento, um estorvo, um obstáculo às melhores formas do convívio social, e a importância de se estar atento às maneiras como outros povos vencem suas adversidades e encontram soluções. Inegavelmente, a obra é uma defesa de um mundo mais conectado pelo conhecimento de diversas culturas.

A régua europeia com a qual Gulliver mede os locais e as pessoas que conhece é a mesma que produziu a empáfia do Velho Continente em relação ao resto do mundo. Swift, sátiro que era, coloca esse orgulhoso personagem na terra dos gigantes, onde ele é um ser minúsculo e vulnerável, que vê em um macaco, que se apresenta como seu grande rival, o maior perigo a ser enfrentado.

É possível afirmar que o macaco da ilha dos gigantes representa todos aqueles políticos e pessoas próximas ao poder que vivem motivados apenas por suas necessidades e desejos. Swift entendia que nada mudaria na sociedade britânica enquanto a política fosse praticada dessa maneira.

Os gigantes da obra *Viagens de Gulliver* são também gigantes morais, preocupados com virtudes aristotélicas, superiores às dos políticos britânicos. Swift, em sua genialidade, representa com o comportamento do macaco a política e os políticos modernos; enquanto a virtude política de Aristóteles reside nos atos dos gigantes. Novamente, uma defesa da Antiguidade.

Há outro trecho do livro, durante a visita a Glubbdubdrib, em que Gulliver descobre que os verdadeiros heróis da história europeia, desde os gregos e os romanos, são anônimos que, muita vez, foram prejudicados após grandes atos de bravura. Os grandes vencedores da história do Ocidente são aqueles que foram beneficiados pelos poderosos da época, e não aqueles que despojadamente ajudaram as sociedades a vencer suas maiores adversidades. Da mesma maneira que Swift ataca os pensadores modernos, ataca os heróis de guerras pretéritas. Sua obra, além de indicar que povos entram em guerra pelas mais estúpidas razões, aponta para o fato de que muitos desses conflitos são vencidos por nobres heróis anônimos, na maioria pobres, desconhecidos e complemente negligenciados pelos livros de história.

Estas são algumas das razões pelas quais a obra de Swift influenciou inclusive outras áreas do conhecimento. Hoje há, por exemplo, o *efeito Lilliput*, fenômeno do encolhimento de espécies que sobreviveram a um grande estresse ambiental e/ou a uma alta taxa de mortalidade, numa prova de que sua literatura segue vivíssima e na ordem do dia. Exatamente por isso, ninguém lê *Viagens de Gulliver* impunemente. Sua sátira escancarada é um compromisso com a lucidez, uma contínua negação à empulhação. Em sua defesa aberta da Antiguidade, a obra de Swift é um passo eternamente contemporâneo, sempre em direção ao futuro; um futuro de diversidade, bem-estar social e no qual todos se sentem em casa em qualquer lugar do mundo.

Referências

AGOSTINHO. *Confissões*. Trad. João de Oliveira Santos; A. Ambrósio de Pina. São Paulo: Nova Cultural, 2004.

ASSIS, Machado de. *Obra completa*. v. 1. Rio de Janeiro: Aguilar, 1962.

BACON, Francis. *Novum Organum ou Verdadeiras interpretações acerca da natureza*. São Paulo: Nova Cultural, 1999.

BARBOSA, Rui. *Ensaios literários*. Rio de Janeiro: Typ. Laemmert, 1888. Disponível em: http://www2.senado.leg.br/bdsf/handle/id/242553. Acesso em: 26 maio 2021.

BERTI, Enrico. *As razões de Aristóteles*. São Paulo: Loyola, 2002.

BLOOM, Harold. *Modern critical views*: Jonathan Swift. Nova York: Chelsea House, 1996.

BLOOM, Harold. *O cânone ocidental*: os livros e a escola do tempo. Rio de Janeiro: Objetiva, 1995.

CALVINO, Italo. *Por que ler os clássicos*. São Paulo: Companhia das Letras, 2007.

GARIN, Eugenio. *History of Italian Philosophy*. v. 1. Amsterdã; Nova York: Editions Rodopi B. V., 2008.

HORN, Christoph. Agostinho — filosofia antiga na interpretação cristã. Em: ERLER, Michael; GRAESER, Andréas (orgs.). *Filósofos da Antiguidade 2 — Do helenismo à Antiguidade tardia*. São Leopoldo: Unisinos, 2006.

PETRARCA, Francesco. *Cancioneiro*. São Paulo: Ateliê Editorial, 2014.

RIBEIRO, João Ubaldo. *Política*: quem manda, por que manda, como manda. 2. ed. Rio de Janeiro: Objetiva, 2010.

SWIFT, Jonathan. *Modesta proposta e outros textos satíricos*. São Paulo: Unesp, 2005.

SWIFT, Jonathan. *Viagens de Gulliver*. São Paulo: Instituto Mojo, 2020. Disponível em: https://literaturalivre.sescsp.org.br/ebook/viagens-de-gulliver. Acesso em: 26 maio 2021.

VASCONCELOS, Sandra Guardini. *Dez lições sobre o romance inglês do século XVIII*. São Paulo: Boitempo, 2002.

___SOBRE OS AUTORES

Luciana Cammarota

Formada em História e Letras (italiano) pela Universidade de São Paulo, se especializou em literatura italiana e tradução após fazer mestrado nessas áreas pela mesma universidade. Entre seus vários trabalhos como tradutora, verteu para o português a obra *Malala, a menina mais corajosa do mundo*. Atualmente, é professora de italiano na AEDA (Associação de Ex-Alunos do Colégio Dante Alighieri).

Ricardo Giassetti

Consultor em cultura participativa e inovações digitais, transita pelos mercados editorial, publicitário e audiovisual. Criou metodologias para localização cultural em locais diversos como China, Índia, União Europeia, Estados Unidos e América Latina. Autor de *Gunned Down — Down the River* (EUA, 2005) e *O catador de batatas e o filho da costureira* (Brasil-Japão, 2008). É fundador da Mojo (2006) e do Instituto Mojo de Comunicação Intercultural (2018).

Lica Hashimoto

Tradutora de dezenas de obras da literatura japonesa, do clássico ao contemporâneo, quando criança, costumava ouvir seus avós contarem histórias da Deusa-do-Sol-Amaterassu, personagem da obra *Crônicas do Japão* aqui traduzida para o português por ela. É mestre pelo Programa de Pós-Graduação em Língua, Literatura e Cultura da FFLCH-USP e doutora em Literatura Brasileira pelo Programa de Pós-Graduação em Literatura Brasileira também pela FFLCH-USP. Bolsista do Ministério da Educação do Japão (atual MEXT) com especialização em Língua e Cultura Japonesas pela Universidade de Waseda

(Tóquio) e do Programa de Treinamento de Professores estrangeiros de Língua Japonesa da Fundação Japão, organização vinculada ao Ministério das Relações Exteriores. É docente no curso de Letras (japonês) na FFLCH-USP. Autora de artigos e livros de temas relacionados à Língua e Literaturas Japonesa e Brasileira.

Luis S. Krausz

Mestre em Letras Clássicas pela Universidade da Pensilvânia (EUA) e pós-graduado pela Universidade de Zurique, na Suíça, também é doutor em Literatura Judaica e Cultura Judaica pela Universidade de São Paulo, onde atualmente é professor em Literatura Hebraica e Judaica. É autor do romance *Desterro: memórias em ruínas* e do livro, de caráter ensaístico, *Passagens: literatura judaico-alemã entre gueto e metrópole*, no qual aborda o choque da tradição e da religião com as transformações sociais e econômicas ocorridas na Europa nos séculos XIX e XX. Foi crítico de música clássica da *Folha de S.Paulo*, da *Gazeta Mercantil* e da revista *Bravo!*.

Mamede Jarouche

Filho de imigrantes libaneses, nasceu em Osasco, em São Paulo. É bacharel em Letras (Português & Árabe) pela USP (1988); doutor em Letras (1997) e Livre-Docente (2009) em Literatura Árabe pela mesma universidade. Fez pós-doutorado pela Universidade do Cairo. Traduziu diversas obras do árabe para o português, entre elas, *As mil e uma noites* e *O leão e o chacal mergulhador*, ambas agraciadas com o Prêmio Jabuti de Melhor Tradução. Atualmente, é professor efetivo da Universidade de São Paulo, onde leciona desde 1992.

Renato Noguera

Nascido no Rio de Janeiro, em 1972, é professor de Filosofia do Programa de Pós-Graduação em Filosofia da Universidade Federal Rural do Rio de Janeiro. Possui mestrado e doutorado em Filosofia pela Universidade Federal do Rio de Janeiro. É autor da coleção de livros infantojuvenis *Nana & Nilo*, posteriormente adaptada para desenho animado, uma série de aventuras em que irmãos gêmeos passeiam por diversas épocas e conhecerem hábitos dos povos africanos.

Marcos Flamínio Peres

É professor de Literatura Brasileira da FFLCH-USP e doutor em Literatura Comparada também pela USP. Possui pós-doutorado na mesma área pela Universidade de Chicago (EUA). É autor de *As minas e a agulheta: ficção e história* em As minas de prata, *de José Alencar* e *A fonte envenenada: transcendência e história em Gonçalves Dias*. Foi editor do caderno *Mais!*, do jornal *Folha de S.Paulo*.

Renato Roschel

Nasceu e cresceu na periferia da zona sul de São Paulo, onde, similarmente como no romance *El Zarco*, as barbáries praticadas pelas forças do Estado e pelo crime faziam e fazem parte do cotidiano. Estudou Letras na USP, filosofia na PUC-SP e fez mestrado na USP. Trabalhou no jornal *Folha de S.Paulo*. Foi um dos editores da *Enciclopédia Barsa* e dos anuários *Livro do Ano* e *Ciência e Futuro,* na editora Planeta. Atuou como correspondente da Rádio Eldorado, em Londres. Foi editor da *Revista Osesp*. Editou e traduziu obras para as editoras Quatro Cantos, Planeta, Publifolha, Tabla, Oxford University Press e Instituto Mojo.

Giovane Rodrigues Silva

Formado em Filosofia pela Universidade de São Paulo, em 2008, com mestrado na mesma instituição, sob o título *Experiência, lógica e gramática. Um estudo sobre as condições empíricas da normatividade tais como apresentada na segunda filosofia de Wittgenstein.* Em 2018, se doutorou com a tese *Criação de valores nas ilhas bem-aventuradas de Nietzsche.* Atualmente, atua como tradutor de obras escritas em alemão, além disso, desenvolve trabalho acerca da História da Literatura Antiga de Nietzsche.

Micheliny Verunschk

Poeta, romancista, historiadora e mestre em literatura e crítica literária pela Pontifícia Universidade Católica de São Paulo (PUC/SP), venceu o Prêmio São Paulo de Literatura com a obra *Nossa Teresa: vida e morte de uma santa suicida.* Também foi duas vezes finalista do Prêmio Rio de Literatura e do Prêmio Portugal Telecom, atual Prêmio Oceanos. É autora de *Geografia Íntima do Deserto, A Cartografia da Noite* e da *Trilogia Infernal*, composta pelos romances: *O amor, este obstáculo, Aqui, no coração do inferno* e *O peso do coração de um homem.*

Tatiana Chang Waldman

Filha de uma chinesa, neta de um judeu polonês e bisneta de uma italiana, é doutora e mestra em Direitos Humanos pela Universidade de São Paulo (USP). Além de sua atuação com os temas de migrações internacionais e direitos humanos com experiência em diferentes instituições, como o Museu da Imigração e o Centro de Apoio ao Migrante. Realiza consultorias para organizações internacionais e nacionais, como OIM/

ONU Migração, Unesco, International Centre for Migration Policy Development, Repórter Brasil, entre outras. Atualmente, é assessora do Núcleo de Educação para as Relações Étnico--Raciais da Secretaria Municipal de Educação de São Paulo (NEER/SME).

Fonte	CrimsonProS 11,5/17,9 pt
	Gibbs 11,517,95 pt
Papel	Pólen Natural 70 g/m²
	Duo Design 300 g/m²
Impressão	Gráfica e Editora Pifferprint Ltda.
Data	Julho de 2022